AF613557

NOTICE

SUR

FRANÇOIS-MARIE ANDRIEUX

DE MORLAIX

La prévoyance est la
garantie du succès.

NOTICE

SUR

FRANÇOIS-MARIE
ANDRIEUX
DE MORLAIX

La prévoyance est la
garantie du succès.

MORLAIX. — IMPRIMERIE J. MAUGER, RUE DE BREST, 11.

A MES SŒURS

Mesdames

PAULINE LORIOT

ET

MARINE DAHIREL

NOTICE

SUR

FRANÇOIS-MARIE ANDRIEUX

DE MORLAIX

Né en 1777, mort en 1832.

« La prévoyance est la
« garantie du succès. »

L'origine de ma famille se perd, pour moi, dans la nuit des temps qui ont précédé l'année 1696; j'ai donc le privilége de pouvoir permettre à mon imagination « *cette folle du logis* » de varier ses plaisirs à l'infini et de bâtir à mes aïeux palais ou chaumières, suivant ses fantaisies du moment.

En 1696 donc, naquit à Morlaix, mon bisaïeul paternel, *Mathurin Andrieux*, qui épousa Demoiselle Marguerite Baudry ; de ce mariage naquirent deux fils et une fille, *Charles Andrieux*, mon grand-père, *François-Germain*, mon grand-oncle, et *Françoise-Jeanne*.

De mon bisaïeul je n'ai rien appris des vicissitudes de son existence ; il était un honorable artisan, travaillant dans les manufactures de tabac de Morlaix, qui offraient, dès lors, de grandes ressources à la classe ouvrière de la ville ; il mourut le 16 juillet 1760.

Son fils aîné, *Charles*, dont la date de naissance m'échappe comme les détails sur sa vie de marin, a péri aux Antilles de la mort des braves, en servant son pays à bord de la frégate du Roi l'*Atalante*, de l'escadre commandée par le célèbre amiral breton, Comte Lamotte Piquet, repoussant et battant la flotte anglaise à l'attaque de Fort-Royal (Martinique), en mars 1783.

Après le combat, l'amiral, visitant l'ambulance, aperçut son maître d'équipage *Charles*, blessé à mort sur son cadre, il s'en approcha vivement :

« Ah ! mon pauvre maître ! Que puis-je faire
« pour vous, mon brave ?... »

« Plus rien, amiral,... une prise de tabac... »

Le commandant, ému, s'éloigne en jettant sa tabatière sur le cadre de maître *Charles*.... C'est une relique que son petit-fils conserve religieusement pour la transmettre à ses enfants et petits-enfants.

Voici le libellé de son extrait mortuaire :

ISLE DU VENT
de l'Amérique

ANNÉE 1783
Mois de Mars
F° 23

COLONIES FRANÇAISES

Hôpital du Fort Royal, Martinique

« Aujourd'hui vingt-septième jour de mars 1783,
« est décédé, en cet hôpital, muni des sacrements
« de l'Église, le nommé *Charles Andrieux*, maître
« voilier du bord de la frégate du Roi l'*Atalante*,
« natif de Morlaix, et a été inhumé dans le cime-
« tière dudit hôpital, les jour et an susdits.

« Certifié :

« Par moi soussigné, religieux aumônier de l'hô-
« pital de Fort Royal, Martinique.

« Pascal.

« Vu par nous écrivain princi-
« pal chargé de l'inspection des
« hôpitaux.

« Levacher. »

Charles Andrieux avait épousé en 1776 *Marie-Yvonne Yago*, jeune lingère de 22 ans, qui lui donna en 1777, un fils, *François-Marie*, lequel avait 5 ans lorsque son père fut tué au combat de Fort-Royal.

Lorsque *Charles Andrieux* n'était pas embarqué avec son grade à bord des vaisseaux du Roi, il exerçait sa profession de voilier au port de Morlaix. En 1779, un riche armateur de Brest, M. Pierre Riou, s'étant rendu adjudicataire à

Morlaix du navire anglais le *Papillon*, de Pool, prise faite par le corsaire américain *La Marquise de la Fayette*, et procédant à son réarmement pour le faire naviguer sous pavillon français, en fit réparer la voilure par *Charles Andrieux*. Or, il arriva que le fils du maître voilier devait s'élever un jour et sortir du modeste milieu où il était né, pour, devenu négociant, épouser Mlle Riou, de Morlaix, nièce du riche armateur de Brest. — Ceci est une digression, je continue.

François-Germain, frère de *Charles*, naquit le 24 octobre 1732 et mourut à un âge fort avancé (74 ans), en 1806; dans son enfance il put acquérir dans les écoles publiques de Morlaix une instruction littéraire suffisante pour occuper, un jour, divers emplois qui le posèrent hors la classe ou il était né ; il fut receveur des tailles et ensuite employé aux écritures à la manufacture de tabac de Morlaix. Sur ses vieux jours, *G. Andrieux* vécut d'une pension de l'Etat. « En qualité d'ex-commis de « la ci-devant ferme générale. »

Il avait possédé, sur la place au Lait, en ville, une maison qu'il vendit au sieur Louis Jòret pour la somme de 4,000 livres tournois, le 26 brumaire an onze.

Françoise-Jeanne, sœur de *Charles* et de *Ger-*

main, naquit en octobre 1747, et fût baptisée « en l'église paroissiale de Saint-Martin, évê- « ché de Léon, a eu pour parrain Charles Le « Barse et pour marraine, Jeanne-Françoise- « Marie Lucas » ; les détails de sa vie, comme l'époque de sa mort échappent à mes recherches ; le fils de *Charles* hérita seul de son oncle *Germain* qui me semble avoir laissé plus de dettes à payer par son neveu que de biens à recueillir.

Orphelin, le jeune *François-Marie Andrieux* eut la conscience de son isolement et la tradition lui attribue, dès son jeune âge, une grande énergie dans sa volonté de s'instruire; sa mère lui fit suivre les écoles publiques de la ville, et je l'ai souvent entendu témoigner de son respect pour la mémoire d'un vieux religieux qui habitait le château de Keranroux et près duquel sa mère l'envoyait souvent, et dont il recevait de précieuses leçons ; un livre que je conserve (les fables de La Fontaine, édition de l'époque) est un souvenir du bienveillant religieux de Keranroux, qui expliquait à son élève le sens philosophique et l'enseignement moral des fables apprises par cœur.

En 1789, le jeune *Andrieux* avait 12 ans. Il fallut songer à son avenir ; les études qu'il avait faites, pendant lesquelles plusieurs livres de voyages lui étaient passés entre les mains, son existence dans un port de mer, et enfin bercé par les récits maritimes de son enfance, il voulut être marin comme son père, le déclara à sa mère qui fut obligée d'accéder aux vœux de son fils. Inscrit maritime au quartier de Morlaix, il reçut une feuille de route et partit, à pied, pour Brest, avec un pain, du fromage et 12 sols dans sa poche pour l'imprévu ; il n'en fallait pas davantage, car, dès son arrivée, l'enfant devenait « marin du Roi et devait « être nourri par Sa Majesté. »

Combien de fois, dans mon enfance, n'ai-je pas entendu raconter les épisodes de ce voyage, qui fut l'origine de précieuses relations entre le jeune mousse et diverses personnes dont il sut se concilier la bienveillance par la bonne humeur de son caractère, sa précoce intelligence et sa vaillance au service. De ce voyage à pied a peut-être dépendu tout l'avenir de *F.-M. Andrieux* ; on pourra en juger par la suite.

Parti le matin de Morlaix, insouciant du présent, plein d'espoir dans l'avenir, le petit voyageur fut surpris à Saint-Thégonnec par un orage qui l'obligea à chercher un gîte pour s'abriter ; l'auberge du bourg aurait fait brèche à sa réserve, il avisa sur le bord de la grande route une haie d'épine bien fourrée où il se blottit ; ainsi niché, il entamait à belles dents pain et fromage, lorsqu'une bordée de matelots qui, comme lui, se rendaient à Brest, survinrent et avisèrent le réduit du mousse ; impossible cependant d'y trouver tous un refuge, et puis le bouchon de lierre qu'ils aperçurent non loin de là était un aimant irrésistible pour les matelots, qui eurent le caprice de faire déguerpir *François-Marie* de son gîte et de l'obliger à les suivre au cabaret, où il fallut raconter son histoire qui ne fut pas longue :

« Voilà ma feuille de route, je vais à Brest « m'embarquer ; je suis matelot comme vous ! »

Le mot « comme vous » fièrement accentué, produisit, il paraît, une grande hilarité dans l'assemblée ; mais sans préjudice pour un commencement d'estime en faveur du futur mousse. La bordée était sous la conduite d'un vieux maître qui, dès ce moment, prit l'enfant sous sa protection pendant le voyage, le défraya de ses frais de route et obtint, à son arrivée à Brest, son embarquement sur le même bâtiment que lui, en partance pour St-Domingue.

Ce brave vieux maître était assez débrouillé pour continuer à son petit protégé certains enseignements, tels que les éléments de l'arithmétique, de géographie et quelques notions nautiques.

Tout cela fut le début d'une instruction sérieuse.

L'intérêt manifesté par le maître à son élève, attira l'attention des officiers, qui voulurent être servis par le mousse *François*, auquel ils prodiguèrent, pendant la campagne, des livres et tous les moyens d'avancer son instruction.

Le jeune *Andrieux*, par ses voyages, son esprit observateur et studieux et la bienveillance qu'il sut s'attirer, apprit beaucoup pendant les premières années de sa carrière maritime. Nous le trouvons en 1792, timonier à 15 ans, embarqué à bord du *Duguay-Trouin*, et obtenant une permission de huit jours pour venir voir sa mère à Morlaix.

« Je soussigné, lieutenant de vaisseau, chargé
« du détail à bord du *Duguay-Trouin*, certifie avoir
« permis au nommé *François-Marie Andrieux*, timo-
« nier, d'aller passer huit jours à Morlaix.

« A bord, le 10 février 1792.

« Du Bobéril. »

L'année suivante, en 1793, le timonier *Andrieux*, n'étant pas embarqué, fut incorporé dans le bataillon mobilisé de la garde nationale de Morlaix, envoyé, avec toutes les autres levées de Bretagne, au-devant de l'armée vendéenne, commandée par La Rochejacquelein. Ce général visait Grandville, où un débarquement d'émigrés et d'armes était attendu, mais, repoussé par les Bleus, il put cependant s'emparer, un instant, de Pontorson, où se trouvait le bataillon de Morlaix, et que l'impéritie du général Tribout fit perdre aux Républicains, lesquels, après une vigoureuse résistance, repassèrent le Pont-aux-Beaux ; une partie de l'armée des Bleus dut même franchir la rivière sous Pontorson, à la nage, sous le feu des Vendéens.

A ce passage de rivière, le jeune *Andrieux* eut le bras gauche luxé et ce ne fut qu'avec l'aide de ses camarades, Saint-Maur et Lhénoret, qu'il put rejoindre ceux qui restaient vivants du bataillon de Morlaix.

Cette luxation du coude gauche, mal remise et suivie d'enkilose, rendait désormais impossible, à *Andrieux*, l'exercice des gabiers, comme de porter les armes, ainsi qu'il résulte d'un certificat du 18 pluviôse an II, par le chirurgien Guidon, certificat renouvelé en floréal an VII, par les chirurgiens Boscher et Guégot.

D'autres occasions de servir son pays ne manquèrent pas au blessé de Pontorson.

Consignons ici, d'abord, le curieux certificat qui fut délivré au jeune *Andrieux* par les chefs de sa compagnie, après l'expédition contre les Vendéens, certificat qui, avec d'autres que je relaterai, est caractéristique non-seulement du style de l'époque, mais de l'énergie passionnée qui régnait alors dans les sentiments de la nation contre la faction vendéenne et la noblesse en général.

« Nous soussignés, officiers et soldats du détachement de la garde nationale de Morlaix, mise en réquisition, le 19 brumaire, par le général Tribout, pour marcher sous ses ordres contre les brigands et actuellement de retour dans nos murs :

« Certifions et attestons que le républicain *Andrieux*, de la commune de Morlaix, faisait partie de la force armée et qu'il a suivi constamment l'armée, depuis son départ jusqu'au 5 pluviôse, époque de son arrivée dans sa famille, pendant lequel tems il s'est bien comporté en bonne discipline militaire, en remplissant exactement son service en personne, avec tout le zèle qu'on a droit d'attendre d'un ardent défenseur de la liberté, qui désire le bonheur de ses concitoyens ! Sa fermeté et son courage, dans le combat de Pontorson, lui ont mérité les sentiments les plus distingués de la part de ses camarades d'armes, auxquels il n'a donné que des preuves de patriotisme. En foi de quoi nous lui avons délivré le

« présent. — Morlaix, le 5 pluviôse l'an IIe de la « République française, une et indivisible.

« Ont signé : Bourguillot, capitaine. — Kerbriant
« Postic cadet, lieutenant. — Bouel,
« lieutenant. — Kamézec, sergent.
« N. Broustail. — J.-F. Dimanche. »

A la suite de l'expédition de Pontorson, *Andrieux*, ne pouvant plus servir comme marin ou soldat, obtint facilement divers emplois dans les hôpitaux militaires de Morlaix, notamment dans ceux de Lesquiffiou et de Mercure (Saint-Fiacre) ; puis ensuite il fut envoyé à celui de Carhaix, où son administration fut très-remarquée, ainsi que nous le verrons plus loin.

Rentré dans la vie civile, il lui fut délivré les divers certificats dont la teneur suit :

« *Extrait des registres du Conseil général de la* « *commune de Morlaix.*

« Du 10 germinal de l'an IIe de la République « française, une et indivisible.

« Séance tenue par Gilbert, maire, où étaient : « Bourdoulous, Duclos-Le Gris, Boutet, Pitel, « Gillet, Louis Dubois et Jean Diot, officiers muni- « cipaux ;

« Hyenne, Gardet, J. Pitel, G. Guégot, Yves « Bourdoulous, Berthou, Guilmer cadet, Renaud,

« Roquelin, Ferrec, Dessaux et Rouchon, notables.

« Absents : Philippe, Pégasse, Guilmer aîné et « Lehir, officiers municipaux ; Le Hénaff, Manach, « F. Pan, P.-C. Dubois, Le Coc aîné, Le Traon, « Le Dissez, Bellec et Varennes, notables.

« Présent : Guillaume fils, agent national.

« Sur la demande faite par le citoyen *François-* « *Marie Andrieux*, employé aux hôpitaux militaires « de cette commune, aux fins d'obtention d'un cer- « tificat de civisme, le Conseil général, après avoir « préalablement procédé au scrutin, et y celui re- « censé, ledit citoyen *François-Marie Andrieux* ayant « réuni la majorité des suffrages, l'a autorisé à « retirer expédition par extrait, de la présente déli- « bération, pour lui tenir lieu de certificat de « civisme, justifiant préalablement de l'acquit de « ses contributions.

« Pour expédition conforme au registre.

« Duclos-Le Gris,

« *Officier municipal en l'absence du maire.*

« *Vu et approuvé* au directoire du district, à Mor- « laix, le 16 germinal, l'an IIe de la République « française, une et indivisible.

« Verchin. — André Rozec. — Miorcec.

« — Avennec.

« *Vu et approuvé* au comité de surveillance de la « section de la maison commune de Morlaix, le « 20 germinal an IIe de la République française, « une et indivisible.

« Sol. — Larraut. — Monnier cadet.
« Beau. — Y.-N. Guyomar. — Le
« Roux. — Le Corre. — Plassart.
« — Le Lan.

« *Vu et approuvé* par le Comité de surveillance « révolutionnaire de la Commune de Morlaix, le « 18 thermidor, an IIe de la République française, « une et indivisible.

« Larraut. — Le Lan. — Beau. —
« Monnier cadet. — Le Bellec.
« — J. Boutet. »

LIBERTÉ, ÉGALITÉ, FRATERNITÉ
OU LA MORT.

« La Société populaire de Morlaix, régénérée « le 14 pluviose, l'an second de la République fran- « çaise une et indivisible, atteste que le citoyen « *François-Marie Andrieux*, natif de Morlaix, dé- « partement du Finistère, âgé de 16 ans, professant « depuis la Révolution l'état de commis à l'hôpital « militaire, reçu dans la Société en brumaire, an « 2e républicanisée, en est encore membre aujour- « d'hui, et que la signature ci-apposée est la « sienne.

« A Morlaix, le 25 messidor, an 2e de la Républi- « que.

« Ont signé : J. Nicole, *Président*. —
« Monier Cadet, *Secré-*
« *taire*.

« Andrieux Neveu. »

J'ai relaté les documents qui précèdent, non-seulement comme des signes du temps d'alors, mais aussi comme témoignage que l'enfant qui avait quitté à 12 ans la maison de sa mère, avec l'ambition de grandir en servant son pays, n'avait pas failli un instant à sa tâche. Les documents qui suivent nous le montrent continuant sa marche en avant :

ARMÉE DES COTES
de Brest

HOPITAUX MILITAIRES

HOPITAL MERCURE
(St-Fiacre.)

« Je soussigné Directeur des hôpitaux Mercure et « Lesquiffiou, certifie que le citoyen *Andrieux*, « employé à cet hospice en qualité de garde-maga- « sin, a rempli son service avec exactitude et probité « pendant l'espace de deux ans, en foi de quoi je « lui ai délivré le présent.

« A Morlaix, le 1er ventôse, 4e année Républi- « caine.

« Boschet.

« Vu par le Commissaire des guerres chargé de « la police de l'hôpital Mercure.

« Barchou. »

A cette même époque, les bons services rendus à Morlaix valent au *jeune Andrieux* un témoignage flatteur de la considération dont il jouissait près de ses chefs, qui l'envoyèrent diriger l'hôpital militaire de Carhaix, où il régnait un grand désordre administratif et financier.

ARMÉE DES COTES HOPITAUX MILITAIRES
de Brest 6e ARRONDISSEMENT

« Il est enjoint au citoyen *Andrieux* de se rendre
« incessamment à l'hôpital militaire de Carhaix
« pour y être employé. Ses frais de route lui seront
« remboursés par le citoyen Gas qui lui donnera les
« instructions nécessaires pour le service auquel il
« est destiné.

« Morlaix, 30 pluviôse, 4e année de la Républi-
« que française, une et indivisible.

« Le Directeur principal des hôpitaux militaires
« du 6e arrondissement.

« F. Delorme.

« Vu par le Commissaire des Guerres.

« Barchou.

« Enregistré à l'administration municipale à
« Carhaix, le 5 ventôse an IV.

« Allain Launay, *Président.* Ollivier, *Secrétaire.* »

L'administration d'*Andrieux* à l'hopital de Carhaix, lui valut le certificat suivant :

« Nous soussignés, officiers de santé de l'hôpital « militaire de Carhaix, certifions à qui il appar- « tiendra , que pendant la gestion du citoyen « *Andrieux Neveu*, chargé du service administratif « de cet hôpital, il a mis tout le zèle et l'activité « d'un citoyen vraiment animé de l'amour de son « devoir à remplir cette place et que nous n'avons « lieu que d'être satisfaits de la propreté, de la « salubrité, de la bonté des aliments et de l'ordre « qui ont toujours existé dans cet établissement ; « que nous ne pouvons enfin que rendre un « témoignage flatteur de la promptitude et célérité « qu'il a mis à l'installer et à le rendre propre à « y porter les secours dus à l'humanité souffrante.

« Fait à Carhaix, le 28 vendémiaire, 5e année « républicaine.

« Bérard, pharmacien chargé du « service. — Rousset, chirur- « gien en chef.

« Vu à l'administration municipale du canton « de Carhaix, faisant les fonctions de Commissaire « des guerres — le 3 brumaire an V.

« Allain Launay,
« *Président.*

« Le Commissaire des guerres soussigné chargé « de la police de l'hôpital de Carhaix, en visant le « certificat de l'autre part, joint le même témoi- « gnage en faveur du citoyen *Andrieux* qui a « administré d'une manière digne d'éloges.

« Morlaix, le 20 brumaire, 5e année.

« Le Commissaire des guerres.

« Barchou. »

Le visa du Commissaire Barchou, écrit de sa main, ajoute une grande valeur à la déclaration de MM. Bérard et Rousset.

Le personnel de l'hôpital de Carhaix fut, vers cette époque, évacué sur ceux de Morlaix, à Mercure et à Lesquiffiou, pour y centraliser les services administratifs.

Une armée expéditionnaire s'organisait dans les ports de la Manche. Le Directoire voulait frapper l'Angleterre par une attaque contre l'Irlande; le débarquement de l'armée d'invasion devait avoir lieu dans la baie de Bantry (1796); *Andrieux* sollicite la faveur de faire partie de l'expédition dans le service de santé. L'administrateur J.-B. Le Gendre lui répondit :

« D'après les témoignages que j'ai reçus de « votre gestion à Carhaix, par les citoyens « Delorme et Barchou, je vous promets de vous « employer dans votre grade, dans l'ambulance de « l'expédition.

« Salut et fraternité,

« J.-B. Le Gendre. »

Cette promesse fut bientôt suivie de l'envoi d'une commission d'officier et d'un ordre d'embarquement sur le vaisseau le *Séduisant*.

ARMÉE FRANÇAISE — **AU NOM DE LA RÉPUBLIQUE FRANÇAISE**

COMMISSION

ARMÉE EXPÉDITIONNAIRE

« Nous, Commissaire ordonnateur en chef de « l'armée, en vertu des pouvoirs à nous délégués, « sur les témoignages qui nous ont été rendus de la « capacité, expérience et civisme du citoyen *An-* « *drieux*, l'avons mis en réquisition et nommé à la « place de commis aux entrées des hôpitaux de « l'armée expéditionnaire commandée par le *Géné-* « *ral Hoche*, pour en exercer les fonctions sous les « ordres de l'Administrateur principal, des Com- « missaires ordonnateurs et ordinaires des guerres, » et jouir des appointements et traitements qui y « sont attachés, à dater du 1er de ce mois.

« Fait au quartier-général à Brest, le 16 Bru- « maire an Ve de la République Française.

« Le Commissaire ordonnateur en chef.

« VAILLANT. »

ARMÉE FRANÇAISE — **AU QUARTIER GÉNÉRAL DE BREST**

Le 14 frimaire Ve année de la République Française.

J.-B. LE GENDRE,

Administrateur principal des hôpitaux militaires de l'armée expéditionnaire,

Au citoyen *Andrieux*, commis aux entrées des dits hôpitaux.

« Citoyen,

« En conséquence des ordres que je viens de « recevoir du Commissaire ordonnateur en chef « Vaillant, je vous préviens que vous êtes désigné « pour embarquer à bord du vaisseau le *Séduisant*, « vous êtes assimilé au grade d'officier de santé de « 2e classe de l'armée de terre et vous y jouirez du « traitement accordé aux capitaines d'infanterie. « Vous voudrez bien embarquer dans ce jour.

« Salut et fraternité,

« J.-B. Le Gendre. »

Le vaisseau le *Séduisant* resta, ainsi que tous les bâtiments de transport, jusqu'au 26 frimaire, en partance sur rade de Brest. Les navires qui s'armaient à Lorient et à Rochefort et qui devaient rallier simultanément le gros de l'escadre dans la baie de Bantry (Irlande) n'étaient pas prêts, mais enfin l'ordre du départ fut signalé le 26 frimaire an V (novembre 1796).

Les équipages furent consignés à bord; les états-majors escomptaient par avance la gloire de la conquête de l'Irlande. A bord du *Séduisant*, le Commandant fêtait à sa table ses officiers; les chants patriotiques retentissaient sur toute la rade. L'enivrement des cerveaux était à son comble à bord du *Séduisant*, au lieu de ce recueillement sévère qui doit accompagner l'appareillage d'un vaisseau. Tout était folie, aberration, désordre, — une seule pensée se faisait jour, celle de la conquête; quand à l'ordre de marche dans l'escadre, aux mesures de sécurité à prendre pour la sortie de Brest, personne, il paraît, n'était en état d'y penser; l'escadre sortit cependant du goulet de la rade, sans accidents, et s'orienta pour doubler la chaussée de Sein au large, sauf le vaisseau le *Séduisant* qui, commandé par un officier provençal ignorant ou bravant les dangers, aurait démonté brutalement son pilote et fait gouverner pour passer à terre de Sein, dans les courants du Raz.

Par cette fatale manœuvre dans la nuit du 26 au 27 frimaire, par grosse mer, le *Séduisant* tombait en grand sur la roche *le Stévénet* et y restait accroché par l'avant. La marée perdait et le vaisseau, couché sur son lit de roches, fut bientôt défoncé.

Sur les 1100 hommes d'équipage et de soldats embarqués la veille, 165 seulement se sauvèrent et durent la vie à la présence d'esprit d'un patron de bâteau de pêche d'Audierne. Je laisse ici *Andrieux* raconter lui-même les divers épisodes du naufrage :

« Dès le départ de la rade, la plus grande « insubordination régnait à bord, une partie « des hommes étaient ivres, le Commandant « avait perdu le sang-froid nécessaire à sa « position, son autorité était méconnue. — « Au moment de l'échouage sur le rocher, il « s'échappa de toutes les poitrines ce cri de « détresse si terrible à la mer, **nous coulons!** « **sauve qui peut!...** Les marins, furieux « contre leurs officiers, se ruèrent sur eux, « leur arrachant leurs insignes et leurs bijoux, « plusieurs furent poignardés et jetés à la « mer.......... Sans ordre, toutes les embarca- « tions furent amenées, mais surchargées « elles coulèrent toutes le long du bord; « quelques hommes seulement purent s'accro- « cher à des épaves flottantes et attendirent « du secours; enfin le sinistre signalé attira « des embarcations d'Audierne. Les premières « qui eurent l'imprudence d'accoster subirent « le sort de celles du vaisseau; surchargées « elles périrent. Un brave patron d'Audierne, « bien inspiré et témoin du sort de ses cama- « rades, héla aux hommes restés à bord de se « jeter à la mer et qu'ils seraient recueillis. « C'est alors que je me décidai à quitter le « vaisseau et à tenter de rejoindre une des em- « barcations, à la nage... La nuit était noire... « Je ne fus recueilli qu'après une heure

« d'immersion et soutenu par un grand aviron « flottant qui se trouvait à portée de mon bras « droit, le seul pouvant nager franchement. « Dans ce moment le vaisseau, démoli par le « retour du flot, sombrait; et sur les galets de « la baie des Trépassés, sous Audierne, on « recueillit le lendemain 8 à 900 cadavres, « soldats, matelots et officiers..... »

On sait comment l'armée navale, dispersée par la tempête à sa sortie de Brest, ne put accomplir sa mission; la frégate la *Fraternité*, qui portait Hoche et Morard de Galles, fut réduite, par des forces anglaises supérieures, à se réfugier à Rochefort.

Le naufrage du *Séduisant* fit perdre à *Andrieux* tous ses effets et les valeurs qu'il avait pu économiser; rentré à Morlaix, il se mit de nouveau à la disposition de l'administration des hôpitaux militaires et réclamant un nouvel emploi de l'administrateur principal J.-B. Le Gendre, il en reçut la réponse flatteuse suivante :

ARMÉE FRANÇAISE *Rennes, le* 23 *pluviôse* 5e *année de la République Française.*

J.-B. Le Gendre,
Administrateur principal des hôpitaux militaires.

Au citoyen *Andrieux neveu,*

« Je reçois à l'instant, mon cher concitoyen,
« votre lettre du 19, par laquelle vous m'apprenez
« que le citoyen Delorme a différé votre installa-
« tion à la place de garde-magasins de l'hôpital de
« Morlaix. Le citoyen Pierrou arrive aujourd'hui
« de Nantes; je lui ai écrit officiellement à votre
« sujet; je ferai tout ce qu'il dépendra de moi
« pour vous être utile; si je réussis je me trouve-
« rai heureux d'y avoir contribué. Croyez que
« dans tous les temps je me ferai un plaisir de
« faire ce qui vous sera agréable. Si, dans le nouvel
« ordre de choses, j'obtiens quelque place qui me
« fournisse les moyens de rendre service, je les
« emploierai pour mes camarades d'Irlande, parti-
« culièrement pour ceux qui, comme vous, ont eu
« le malheur de naufrager.

« Salut et amitié,

« J.-B. Le Gendre.

« *P. S.* — Je n'ai encore reçu aucuns fonds. »

A la suite des promesses de Le Gendre, *Andrieux* fut nommé garde-magasins à l'hôpital militaire de Morlaix, puis, après quelque temps, congédié par suppression d'emploi.

J'arrête ici, pour la reprendre plus tard, la narration de la vie *d'Andrieux*. Je dois dire quelle action ses bons états de service eurent sur l'existence d'autres personnes et je remonterai à l'année 1794, époque des derniers drames sanglants qui se jouèrent dans le Finistère, à la fin du règne de l'infâme accusateur public *Joseph-François-Ignace Donzé-Verteuil* et du président *Ragmey*.

Le 13 Thermidor an 2 (30 juillet 1794), 5 têtes tombaient encore à Brest par jugement du tribunal révolutionnaire.

Le président Ragmey et l'accusateur Verteuil connaissaient la chûte de Robespierre (10 Thermidor) fin de la terreur; dès le 12 au matin ils pouvaient donc ordonner de surseoir à l'exécution du jugement, ils n'en firent rien et s'évadèrent dans la nuit du 14 pour se soustraire à la vindicte de la populace et surtout aux braves officiers de l'artillerie de la marine qui les dénoncèrent au club de Brest.

Quant aux victimes, voici des extraits d'une pancarte affichée à Brest du :

« Jugement du 12 Thermidor, l'an second de la « République une et indivisible qui déclare :

« *Yves Mével*, âgé de 65 ans, natif de Roscoff, « prêtre réfractaire non déporté, ex-capucin, ayant « été sujet à la déportation; en conséquence or-

« donne qu'il sera sur-le-champ livré à l'exécuteur
« des jugements criminels pour être mis *à mort*
« dans les 24 heures :

« Condamne à la peine de *mort* :

« *Julie Demarée*, veuve Ruvilly Le Saux, âgée de
« 66 ans, native de Port-Malo, demeurant à Mor-
« laix.

« *Perrine-Eugénie Demarée* Le Coant, âgée de 64
« ans, native de Port-Libre, demeurant à Morlaix.

« *Barbe Yago*, âgée de 51 ans, lingère et *ex-reli-*
« *gieuse*, demeurant à Morlaix.

« *Modeste-Emilie Forsan*, âgée de 27 ans, vivant
« de ses revenus, ex-noble, native de Montauban,
« demeurant à Morlaix.

« Condamne en outre à quatre années de réclu-
« sion et préalablement à l'exposition pendant 6
« heures sur la place publique du marché de Brest :

« Marie-Françoise Le Guen, veuve *La Reignère*,
« 62 ans, ex-noble, de Landivisiau, demeurant
« à Morlaix.

« Marguerite-Françoise Kerguvélin *Veuve Grain-*
« *ville*, ex-noble, 63 ans, de Landerneau, demeu-
« rant à Morlaix.

« *Marie-Louise Duparc*, 22 ans, ex-noble, de Mor-
« laix et y demeurant.

« *Louise Le Bourhis*, femme d'Asevize Dubourg,
« 45 ans, marchande, de Morlaix et y demeurant.

« *Marie-Françoise Yago*, 42 ans, lingère, de Mor-
« laix et y demeurant.

« *Marie-Yvonne Yago*, *veuve Andrieux*, 41 ans,
« lingère, de Morlaix et y demeurant.

Dans l'acte d'accusation, on relève les griefs suivants à la charge des victimes qui moururent sur l'échafaud :

« *Yves Mével,* cet ex-capucin, habitait depuis en-
« viron 3 mois 1/2, une mansarde dans laquelle
« était dressé un autel pour servir aux prétendues
« fonctions de son culte..., etc... Dans le repaire de
« Mével se rendaient les superstitieux et criminels
« sectateurs d'un culte exercé par des ministres
« séditieux et rebelles ; là cet ennemi de la Répu-
« blique et du bonheur du peuple s'efforçait par
« ses mensonges et ses impostures de les retenir
« sous l'étendard de la contre-Révolution.

« *Modeste-Emilie Forsan,* au mépris de la loi du
« 27 Germinal qui ordonne aux ci-devant nobles
« de s'éloigner des places frontières, est restée à
« Morlaix et a tenu dans la commune du Guerles-
« quin des propos tendant à détruire le gouverne-
« ment républicain et à rétablir la tyrannie en
« France.

« *Julie Desmarée, veuve Ruvilly Le Saux,* a recelé
« le prêtre réfactaire Mével, délit puni par la loi.

« *Perrine-Eugénie Desmarée Le Coant,* même chef
« d'accusation.

« *Barbe Yago,* ex-religieuse, dite sœur Rose, a
« participé à une conspiration à Morlaix, en Messi-
« dor dernier, contre la sûreté et la liberté du
« peuple français, en composant ou conservant des
« écrits tendant à la dissolution du gouvernement
« républicain, au succès des ennemis de la liberté
« et au rétablissement de la tyrannie en France.

Le jugement relate que les écrits séditieux qui avaient été trouvés au domicile de sœur Rose (Barbe Yago) consistaient en :

« Des bulles de cet évêque de Rome qui a si « longtemps abusé de notre crédule simplicité ; un « catéchisme breton français par lequel on s'efforce « de démontrer aux cultivateurs qu'ils ne doivent « confiance qu'aux prêtres réfractaires et une « diatribe abominable contre les prêtres asser- « mentés et en outre une chanson contre-révolu- « tionnaire adressée aux frères de Capet, dans » laquelle on lit le couplet suivant :

« Du Roi que nous adorons
« Venez rompre les chaînes,
« Et sauver de mille affronts
« La plus grande des Reines.
« Entrez, oh braves Bourbons ! ! »

Les condamnés à quatre ans de réclusion avaient à leur charge, les délits suivants :

« Recel d'effets de prêtres et d'émigrés, ou » connaissance de recels ; divers faits de cor- » respondances criminelles avec les ennemis » de la République (les émigrés). »

On relève spécialement contre les sœurs *Marie-Yvonne, veuve Andrieux,* et Marie-Françoise Yago, sa sœur, occupant la maison d'Asevize Dubourg, rue des Côtes-du-Nord (rue de Ploujean) « d'avoir caché et soigné des orne-

« mentsd'église, d'avoir recélé des effets mili-
« taires ayant appartenu à l'émigré Hector,
« ex-officier de marine. »

Ainsi Marie-Yvonne Yago, mon aïeule, eut la douleur de voir tomber la tête de sa sœur *Barbe* (en religion *Sœur Rose*) et de partager la captivité de son autre sœur *Marie-Françoise* après la terrible épreuve d'une exposition sur la place du marché de Brest, où la population fut grave, triste et même très-charitable envers les condamnés, dont elle assista les défaillances par des témoignages de sympathie et des offres de café, de vin de bouillon, etc.

Le jeune *François-Marie Andrieux*, lorsque sa mère et sa tante furent, après le supplice de l'exposition, incarcérées à Pol-de-Léon (Saint-Pol-de-Léon), en 1794, avait 17 ans; il avait servi la République comme marin en diverses campagnes, comme soldat à Pontorson et ensuite dans l'administration des hôpitaux à terre. Ainsi que je l'ai exposé, ces précédents lui valurent d'honorables témoignages de ses chefs; il ne pouvait en faire un meilleur usage qu'en les invoquant pour obtenir l'élargissement de sa mère et de sa tante, dont la captivité avait duré du 13 thermidor au 2 ou 3 germinal an 3, soit 8 mois. Par suite des démarches actives du fils, l'écrou fut lévé en ces termes :

Extrait de l'arrêté du Comité de sûreté générale.

CONVENTION NATIONALE

Du 8 germinal an III de la République
française une et indivisible.

« D'après le vu du tableau et des pièces à l'appui « qui y sont jointes, le comité arrête que les ci- « toyennes *Marie-Yvonne Yago, veuve Andrieux*, et « *Françoise Yago*, détenues à Pol-de-Léon, seront, « sur-le-champ, mises en liberté, les scellés levés « au vu du présent. — L'agent national de la « commune demeure chargé de l'exécution.

« Les représentants du comité de la Société « générale,

« PEMARTIN. — LEGENDRE. —
« BOUDIN. — LOMONT. —
« MATHIEU. — ANGUIS.

« Pour copie conforme à l'original déposé au « bureau municipal de Morlaix.

« BROUSTAIL, officier municipal.
« — LAZENNEC, pour le secré-
« taire greffier. »

Vers cette époque de l'an 3 (le 8 ventôse), les scellés apposés au domicile de Barbe Yago (sœur Rose), rue de l'Égalité, section des Halles, à Morlaix, furent levés par Maurice Jézéquel, Juge de paix, lequel procéda à la vente des effets et du mobilier qui s'y trouvait, cette vente produisit sept cent trente-huit livres neuf deniers, au profit du trésor public.

Des détails sur la vie de *Françoise Yago,* je n'en trouve aucune trace dans les papiers de famille de *F.-M. Andrieux.* — Quant à *Marie-Yvonne, veuve Andrieux,* mon aïeule, elle vécut jusqu'en 1824 dans son domicile privé qu'elle ne voulut jamais quitter, rue de Ploujean, à Morlaix.

Revenons au principal sujet de cette notice, à *F.-M. Andrieux* que nous avons laissé à la fin de l'an 5 (1797), congédié, par suppression d'emploi, de l'hôpital militaire de Morlaix.

Pour rester plus fidèle observateur des textes et des dates inscrits sur les documents manuscrits que je possède, j'ai, depuis 1792, emprunté, pour les dates, le calendrier républicain; par le même principe je continuerai en me servant du calendrier grégorien, si peu poétique qu'en soient les noms, et tout en regrettant les charmantes significations des noms républicains de Prairial, de Messidor, de Brumaire et de Nivôse, qui définissent si bien les quatre saisons.

Pardon pour ma digression.

A l'époque où il avait quitté l'administration des hôpitaux militaires, en 1798, *F.-M. An-*

drieux cessa d'être attaché à des services publics.

L'orphelin de douze ans, le soldat blessé, le marin naufragé, l'employé congédié ne s'est jamais laissé abattre par les évènements.

« Le mal passé, disait-il souvent, n'a ja-« mais existé, » expression d'une indomptable énergie ! ! !

Les divers postes qu'il avait occupés dans l'administration militaire, où il s'était fait remarquer par ses habitudes d'ordre et son travail très-méthodique, le firent admettre, en 1798, chez l'un des principaux négociants de Morlaix, *M. J.-F. Le Bras,* dont les relations avec l'Espagne étaient très-importantes ; il fut donc employé par cet honorable négociant, dont 25 ans plus tard, et devenu veuf, il devait épouser la fille cadette, *Mlle Marine Le Bras;* mais, n'anticipons pas sur les dates.

Le temps qu'il consacrait aux intérêts de *M. Le Bras* lui laissant des loisirs, il put les employer pour son propre compte, à des placements de marchandises à la commission ; ce fut l'origine de sa fortune.

De 1799 à 1803, nous trouvons *Andrieux* chez *MM. Barrère frères*, de Morlaix, dont l'étendue des affaires lui permit de développer tous ses moyens et de devenir le collaborateur très-sérieux de la maison *Barrère*. *Andrieux* n'en continuait pas moins de donner ses soins à ses affaires particulières; son inventaire de 1806 constate déjà, outre son fond de roulement, la possession de deux immeubles, le moulin à papier de *Penlan-Izella* (le moulin blanc), dans la vallée de Morlaix, et la maison qu'il habitait sur la place de l'Hôtel-de-Ville.

En 1805 son capital net s'est élevé de	5000 à 11599, fr. 44	
En 1806	«	19389 à 28288, fr. 12
En 1807	«	59887 à 79086, fr.

Ces chiffres veulent dire ordre, intelligence, activité et bon crédit sur la place et ailleurs.

Les affaires d'*Andrieux* étaient très-variées, tout ce que la contrée pouvait produire et tout ce qu'il pouvait acheter lui passait par les mains, céréales, cuirs, papiers, miels, cires, salaisons, beurres, denrées coloniales, vins, alcools, savons, etc.

De 1807 à 1808, il s'offrit à *Andrieux* une excellente occasion pour donner plus d'ampleur à sa position commerciale. *MM. Barrère frères*, chez lesquels il avait beaucoup étudié le contentieux des affaires, le chargèrent d'une mission très-délicate en Hollande; il s'agissait de transiger avec des assureurs, gens de mauvaise foi, qui leur opposaient depuis longtemps des fins de non-recevoir pour le remboursement d'une somme considérable. L'exposé sommaire de cette affaire, par *Andrieux* lui-même, donnera raison des difficultés en présence desquelles il s'est trouvé et dont il sut triompher.

« *MM. P. et F. Barrère frères,* de Morlaix, « demandèrent le 30 juin 1800 une cargaison « de vins, fruits et savons à Malaga, à destination de Morlaix par navire neutre et pour « compte simulé de neutres, la guerre qui « durait alors ne permettant pas à ces messieurs de faire une opération de ce genre « pour compte découvert de Français; voici « comment il fallut s'y prendre :

« Ils firent faire, par deux maisons d'Altona, « la demande de ce chargement, chacun pour « une demie. Il fut en même temps ordonné « à ces maisons de faire assurer la valeur de « leurs demandes à Hambourg, Amsterdam et « Lubeck, ce qu'elles firent à satisfaction, et, « ainsi qu'on leur avait ordonné, firent insérer dans la police d'assurance, que le navire « aurait la faculté d'entrer à Morlaix, auquel « cas les assureurs rendraient 3 0/0 de la prime « de 14 0/0, soit 2,348.64, le risque s'élevant à « 78.288 francs.

« Le navire Suédois le *Neptune,* capitaine

« Lars Ardfrison, frêté de la manière dont il « est dit et parti de Malaga pour faire la route « d'Altona, avec faculté d'entrer à Morlaix, est « visité dans le détroit de Gibraltar par un « corsaire anglais portant pavillon français. « Le capitaine suédois, croyant avoir affaire à « des français, répond qu'il va dans un port « français; alors les anglais se démasquent, « le capturent et le conduisent à Gibraltar; « la cargaison y est confisquée et les assurés « se mettent en devoir de réclamer des assu- « reurs le montant des sommes pour les- « quelles il a été payé une prime; les assu- « reurs, avant de payer, exigent qu'il soit fait « appel à Londres du jugement rendu à « Gibraltar.

« Au bout de quatre années de démarches, « on obtint un jugement de la cour de l'Ami- « rauté de Londres, confirmant le jugement « rendu à Gibraltar. On se croyait dès lors « fondé à se faire payer des sommes assurées « à Lubeck, Hambourg et Amsterdam.

« Les assureurs d'Amsterdam, de meilleure « foi que ceux de Hambourg et de Lubeck, « remboursèrent 75 0/0, mais cet accompte « donné au propriétaire simulé, celui-ci ne « veut maintenant s'en dessaisir que sous « cautionnement, demande absurde qui n'est

« fondée sur aucune raison valable ; cependant « cet argent se trouve en main d'un homme « véreux et est on ne peut plus exposé.

« Les assureurs d'Hambourg et de Lubeck « veulent, avant de payer, y être condamnés « par une sentence du Sénat, n'appuyant une « opposition si déplacée et d'une aussi insigne « mauvaise foi sur aucune apparence de droit « et se trouvant clairement obligés par la « teneur du contrat qu'ils ont signé et de la « prime qu'ils ont reçue à exécuter des enga- « gements qu'ils ont volontairement con- « tractés. »

Pour remplir la mission qui lui fut confiée par *MM. Barrère frères*, *F.-M. Andrieux* partit de Morlaix dans les premiers jours de novembre 1807, muni de nombreuses lettres pour de grandes maisons de Paris qui, à leur tour, devaient l'introduire près des notabilités commerciales de Lubeck, d'Amsterdam et de Hambourg, près desquelles il pouvait recevoir aide , assistance et conseils pour mener à bonne fin son entreprise contre les assureurs de Lubeck et de Hambourg et le détenteur des 75 0/0 reçus des assureurs d'Amsterdam. C'est ainsi que son journal de voyage nous le fait rencontrer :

A *Amsterdam*, chez :

MM. Gohier, consul général de France;

Berghoff et Wolfvanlick;

Vollenhoven;

Hoggner et C°, et chez d'autres négociants notables à la faveur des introductions par ses amis :

Dobrée, de Nantes; Guilhem aîné, de Brest; Guilhou et Guilhou aîné, de Bordeaux; E. Dupouy, de Bordeaux.

A *Hambourg*, *F.-M. Andrieux* est reçu en audience par le prince de Ponte-Corvo (depuis Charles XIV, Roi de Suède), par Bourrienne, ministre de l'empereur en Hollande, et M. Desbordes, son secrétaire; nous le trouvons encore conférant à la Bourse, sur les affaires de *MM. Barrère* et les siennes, avec MM. de Chapeaurouge et C°, Pope et C°, Brentano-Bovara et Orbiéta; nous le retrouvons à la V .·. L .·. s'entourant de précieux renseignements et d'appui près des F .·. et amis.

Andrieux manœuvra si bien qu'il accula les assureurs dans leurs derniers retranchements et les força de payer la valeur déclarée de la prise anglaise.

Une circonstance très-bizarre vint seconder *Andrieux* dans toutes ses négociations près des assureurs. Bourrienne, ancien secrétaire particulier de l'empereur et alors son ministre à Hambourg, savait qu'outre sa police avouée, il prenait parfois à Napoléon la fantaisie d'avoir ses agents secrets ; Bourrienne donc, étonné des manières d'un jeune homme qui, sans nom connu jusqu'alors, était cependant répandu dans la haute aristocratie financière qui fait noblesse en Hollande, fit à *Andrieux* l'honneur de se croire surveillé par lui pour le compte de l'empereur ; dès lors il redoubla d'attentions pour que l'influence des autorités françaises, toutes puissantes alors à Hambourg, hatât le succès d'une affaire qui devait le débarrasser de l'**espion de l'empereur !!!**

Pendant son séjour dans le Nord, qui se prolongea jusqu'en avril 1808, *Andrieux* ayant visité toutes les villes où il pouvait lier des relations utiles, y vendit des toiles, des miels, des papiers, opérations qui ne purent prendre tout leur développement qu'à la paix ; et en retour, il recevait des villes du nord des graines de lin et autres produits. Ces opérations furent très-fructueuses au début.

F.-M. Andrieux, absent, ne se désintéressait pas de ce qui se passait à Morlaix ; son employé M. Beuscher était conseillé par

MM. Barrère, toutes les commandes qu'il recevait pour son patron leur étaient soumises et ils donnaient des avis sommaires sur leur exécution.

La correspondance des affaires ne lui faisait pas négliger celle d'un ami, M. H..., homme du monde, qui lui racontait en style léger et avec esprit, et même sans y mettre trop de charité chrétienne, en vers et en prose, les nouvelles de Morlaix, les plaisirs de l'hiver, les bals, les concerts; parlant avec enthousiasme des jeunes Morlaisiennes, avec lesquelles il avait dansé, de l'une surtout, Melle L..., qui attirait ses constants hommages et qui finit par y être sensible, en épousant son adorateur; une autre s'étant informée avec beaucoup de timidité, et non sans rougir, du voyageur absent... Le voyageur témoigna sa gratitude à la douce jeune fille, sa voisine, qui avait remarqué son absence, par l'envoi des vers suivants :

A MA VOISINE

J'avais juré que de l'amour,
Je ne porterais plus la chaîne.
Redoutant les maux qu'il entraîne,
Je voulus le fuir sans détour.
Mais de sa puissance divine,
Un mortel se rit vainement.
Lorsque je faisais ce serment,
Je n'avais pas vu ma voisine.

L'amour, ce petit dieu malin,
Pour punir mon indifférence,
Médite en secret sa vengeance.
Ah! Dieu, que l'amour est fin.
Sous les traits d'Aglaé, d'Adine,
Ne pouvant effleurer mon cœur,
Pour réussir, ce séducteur,
Prend ceux de ma belle voisine.

Si je possédais l'art heureux
De Zeuxis ou de Praxitèle,
Je peindrais la vertu, si belle,
Qu'elle plairait à tous les yeux ;
Elle aurait les traits de Cyprine ;
De Junon, l'air majestueux ;
D'Hébé, le souris gracieux ;
Mais non, je peindrais ma voisine.

Cette déclaration, en style de l'époque, fut bien accueillie et, à son retour de Hollande, *François-Marie Andrieux* épousa Mlle *Marie-Catherine-Sébastienne Riou.*

Ce mariage faisait monter encore *Andrieux* dans ce qu'on appelle l'échelle du monde. Il devenait le gendre d'un négociant bien posé, d'un ancien chef du district de Morlaix, que son peu d'exaltation révolutionnaire fit accuser d'être « sournois et ennemi caché de la « République *(sic)*, » réputation qui motiva son arrestation et son incarcération au château de Brest.

Après une détention préventive de plusieurs mois, mon grand-père *Riou* fut relâché, grâce à son frère aîné, *Riou-Kerhallet,* riche fournisseur de la marine à Brest, bien en cour républicaine, lequel contribua à éteindre des préventions ridicules contre le membre du district de Morlaix qui, disons-le en passant, avait connu le Pensylvanien Fulton, lorsque débarqué à Roscoff, il vint, en France, offrir à Buonaparte de construire des brûlots sous-marins à vapeur, pour faire sauter les frégates anglaises qui bloquaient alors tous les ports de la Manche. Fulton fut éconduit comme un visionnaire et retourna en Amérique, où, en 1807, il lança le premier bateau à vapeur sur l'Hudson, pour la navigation entre Albany et New-York ; mon grand-père disait quelques jours avant sa mort :

« Si on avait écouté Fulton, l'armée de Bou-
« logne aurait conquis l'Angleterre, qui serait
« aujourd'hui une province française. »

On pourrait, sans doute, retrouver dans les archives de Morlaix, des documents sur les premières relations de Fulton avec le gouvernement de l'époque.

A partir de 1808, les affaires commerciales d'*Andrieux* se développèrent beaucoup et le classèrent parmi les premières maisons de la ville; dès cette époque, il donnait à l'industrie papetière une vive impulsion dans tout l'arrondissement de Morlaix, tant par une exploitation directe de plusieurs moulins à papier qu'il avait achetés, que par les avances d'argent sur marchandises à fabriquer pour son compte, par les petits fabricants des diverses vallées de l'arrondissement, qui purent ainsi améliorer leur outillage et leurs produits.

Les placements se faisaient spécialement à Paris, Nantes, Le Havre et à Lisbonne, quand la Manche était libre ou par l'intermédiaire des neutres. L'emballage des oranges et des citrons employait, en Portugal, une énorme quantité de papier.

Il n'est pas indifférent de consigner, ici, l'état des moulins à papier qui existaient dans les environs de Morlaix, exploités directement ou subventionnés par *Andrieux*, avant l'origine des usines qu'il créa par la suite, vers la fin de sa carrière, et qui ont remplacé aujourd'hui tous les anciens moulins de cette époque.

Exploités directement par ANDRIEUX *et sa propriété.*

Roudougoalen-Izella (dit Capitoulic), en Pleyber-Christ;
Roudougoalen-Creiz (dit Belair), en Pleyber-Christ;
Le Moulin-Neuf (Parc-Nevez), en Plourin;
Glaslan (dit La Lande), en Pleyber-Christ;
Penlan-Izella (dit Moulin-Blanc), en Plourin;
Penlan-Creiz (dit Moulin-Rouge), en Plourin;
Penlan-Huella (dit Vieux-Penlan), en Plourin;
Penanvern, en Sainte-Sève.

Possédé en indivis.

Le Clos, en Plourin.

Appartenant à des tiers et travaillant pour ANDRIEUX, *qui leur faisait des avances d'argent.*

Pont-Paul, commune de Plourin;
Kirine, commune de Pleyber-Christ;
Rozanvern-Izella, commune de Pleyber-Christ;
Rozanvern-Huella, commune de Pleyber-Christ;

Roudougoalen-Huella, commune de Pleyber-C. ;
Le Drézec, commune de Pleyber-Christ ;
Coas-Vout, commune de Saint-Thégonnec.

Antérieurement, il existait encore dans la vallée du Jarlot, le moulin à papier de Lhermitage et celui de Notéric, sur la Penzé.

En 1809, les opérations commerciales d'*Andrieux* devaient recevoir une nouvelle impulsion par son association avec M. Mazurier-Penanech, de Morlaix ; mais la mort de cet excellent homme vint rompre, en 1812, un état de choses qui promettait à deux négociants, en parfaite conformité de goûts et d'aptitudes, une longue série d'années d'un travail en commun.

Pendant l'hiver de 1812, *Andrieux* se rendit à Paris, pour solliciter et obtenir de l'Empereur une licence pour faire naviguer, sous pavillon neutre, le navire l'*Albicore*.

En vue de cette expédition, *Andrieux* devait recevoir, de ses correspondants, diverses marchandises en transit pour l'Angleterre, et dont la sortie était permise, outre les siennes qui se composaient de vins de France et de Porto, d'eau-de-vie, de toiles, de graines de trèfle et de papiers. Ses amis Thomas Dobrée et Lequen, de Nantes, comme M. T.-G. Dobrée, qu'il avait connu à Hambourg, prenaient largement part à cette opération qui dût être profitable aux divers intéressés, car l'année suivante, en 1813, elle se renouvelait sur une plus large échelle par les expéditions des navires le *Jean*, portant 237 tonneaux, et la *Minerve* jeaugeant 150, à destination de l'île anglaise de Jersey.

Le *Jean* fut expédié sous le nom de *Frédéric II* et portait les couleurs prussiennes, il fut chargé à Morlaix, de toiles, de papier, de graines de trèfle et d'essence de thérébentine, pour une valeur de 683,000 francs, à divers. *F.-M. Andrieux* soigna l'armement et l'expédition de ces navires sous le contrôle des autorités locales, de la douane, et en vertu des licences impériales qu'il avait obtenues.

La formule d'une licence impériale de navigation offre quelque intérêt historique, je transcris ici celle du *Jean*, qui fut déguisé en Prussien, et un buste de Frédéric II, sculpté à Morlaix, ornant son étrave ; cette licence est signée par l'empereur, au Palais des Tuileries, le 20 février 1813 ; celle de la *Minerve* est datée et signée du quartier général de Dresde, le 14 mai, même année, peu de jours après la bataille de Lutzen (3 mai 1813).

Série de
MORLAIX

Nº 6, *dans l'ordre de la série.*

Nº 985, *dans l'ordre général des distributions.*

Valable pour 6 mois, mais pour un voyage seulement.

RÉTRIBUTION A PAYER
40 NAPOLÉONS

« NAPOLÉON, Empereur des Français, Roi « d'Italie, Protecteur de la Confédération du Rhin, « médiateur de la Confédération Suisse.

« Nous avons autorisé et autorisons par la pré- « sente licence, signée de notre main et délivrée « sous les numéros 6 et 985, le navire français, « nommé *Le Jean*, du port d'environ 150 tonneaux, « monté de hommes d'équipage, sous le com- « mandement du capitaine Reymers et sous la « caution de la maison de commerce établie à « Morlaix sous la raison de *Andrieux*, à appareil- « ler, sortir du port de Morlaix avec un charge- « ment composé en papiers, graines de trèfle et « autres productions françaises dont la sortie est « autorisée, naviguer à destination de l'Angleterre « et rentrer dans le même port, sauf le cas de « force majeure.

« Nous entendons que ledit bâtiment fera son « retour sur lest ou avec des blés, riz ou farines, « ou des matières d'or et d'argent monnayées ou « en barres.

« Nous entendons aussi qu'il ne pourra naviguer

« à aucune autre destination que celle qui a été « précédemment indiquée ni exporter ou importer « d'autres objets que ceux qui sont ci-dessus « spécifiés.

« Voulons que se conformant à ces dispositions, « il ne soit apporté aucun trouble ni empêchement « aux opérations dudit navire, soit dans le cours de « son voyage, de la part de nos bâtiments de « guerre ou des corsaires français et de ceux de « nos alliés, soit à son entrée ou à sa sortie, de la « part de nos préposés de douanes; mais que « venant à y contrevenir, en quelque manière que « ce soit, la présente licence soit déclarée nulle et « de nul effet; le navire et la cargaison confisqués, « sans préjudice de l'amende qui pourrait être « ultérieurement prononcée.

« Et pour que ce soit chose stable et assurée, « nous avons signé la présente de notre main et « l'avons fait contresigner par notre ministre « secrétaire d'Etat.

« Donné au Palais des Tuileries, le 20 février « 1813.

« Napoléon.

« Le Ministre des Manufactures et « du Commerce, ***. — Le Minis- « tre de la Marine et des Colonies, « Duc de Cres. — Par l'Empereur, « le Ministre Secrétaire d'Etat, « Cte Daru. — Le Directeur Géné- « ral des Douanes, ***. — Vu par

« le Directeur des Douanes de
« Brest, *** (1).

« Vu par nous, Sous-Préfet de Morlaix, pour « remise officielle au sieur *Andrieux,* négociant à « Morlaix, et pour avoir reçu pleine et entière « exécution en vertu du versement qu'il a fait, à la « caisse du receveur des douanes, de la somme de « huit cents francs dont il nous a remis le récé- « pissé qui sera adressé au préfet.

« Morlaix, le 5 avril 1813.

« Le sous-préfet,
« DUQUESNE. »

La Douane du port d'expédition des bâtiments porteurs de licences était chargée de surveiller leurs opérations, pour que les marchandises non-prohibées à la sortie de France comme à l'entrée y soient seules comprises ; de son côté le gouvernement anglais autorisait, par une licence spéciale, l'arrivage dans ses ports de certains produits par des navires neutres, de là l'obligation aux navires français munis de licences françaises, de dissimuler leur nationalité en empruntant les couleurs et même parfois des équipages, mais toujours des papiers de bord étrangers.

(1) Dans l'original que je possède, plusieurs des signatures sont illisibles. Celle de l'Empereur est simplement un N majuscule.

Ces opérations étaient en France, comme en Angleterre, très-surveillées, il ne fallait pas faire une faute contre les règles de la plus complète dissimulation de l'origine du navire et de la cargaison, sous peine d'être arrêté par les croiseurs ou saisi à l'arrivée. C'est ainsi que sur une infâme dénonciation à la Douane de Londres que le *Frédérick* avait embarqué, dissimulées dans des balles de toile, des pièces de soieries et de rubans prohibées en Angleterre, un ordre de l'Amirauté fut transmis à Jersey, à l'effet de saisir navire et cargaison.

Cette dénonciation fut reconnue fausse et les réclamateurs de Jersey, amis d'*Andrieux*, obtinrent main-levée de l'embargo mis par la Douane anglaise sur le navire et sa cargaison qui resta couvert par son pavillon prussien pendant son séjour à Jersey.

Cet incident inquiéta beaucoup l'armateur qui abandonna à ses amis Harry Dobrée et C°, de Guernesey, le soin d'éclairer la Douane anglaise comme il convenait qu'elle le fut pour conjurer un désastre.

Adresse, prudence, prévision et parfois de l'audace étaient souvent nécessaires, et c'est le cas d'ajouter :

« *Audaces fortuna juvat.* »

En l'année 1813, après la malheureuse campagne de Russie où la plus grande partie de la grande armée périt dans la retraite de Moscou par un hiver exceptionnellement rigoureux, l'Empereur voulait à tout prix reconstituer très-vite des moyens de résistance contre la coalition des souverains qui visaient dès lors l'envahissement de la France, l'Empereur, dis-je, fit battre monnaie près des villes et de leurs habitants par des taxes *arbitrairement* établies.

Ainsi, par un simple arrêté du sous-préfet de Morlaix en date du 27 février 1813, *Andrieux* payait soixante-cinq francs soixante-onze centimes son contingent pour la dépense de 4 cavaliers offerts à l'Empereur par la ville.

Par arrêté du préfet baron Abrial, en date du 1er juin, le contingent d'*Andrieux* pour l'armement des Gardes d'Honneur fut fixé à deux cents francs et payé.

La Garde Nationale s'organisait dans toutes les villes de l'Empire; *Andrieux* figurait sur les contrôles de Morlaix sous le numéro 39, 1re compagnie de grenadiers, 4e cohorte; le 13 mai, le maire Beaumont lui signifia sa situation, mais, par avertissement du 9 août suivant, il le déclara reformé pour infirmité constatée, à la charge cependant de payer deux cent vingt francs.

Contribution forcée, en tout : quatre cent quatre-vingt-cinq francs !!!

« *Ab uno disce omnes.* »

On se préparait alors à des luttes de géants en Allemagne, à Lutzen et Bautzen !!

On subissait « *la volonté mobile et désordon-* « *née d'un génie immense et sans frein.* »

Cet impôt forcé dut produire quelques centaines de millions, il retarda de quelques mois la chute du plus ambitieux des conquérants qui devait être enseveli dans les désastres de 1814 et 1815.

DIGRESSION AU COURANT DES DATES

J'étais né en 1809.

Mon frère Prosper, en 1811.

Sur un calepin de l'époque, je lis quelques idées philosophiques échappées à la plume de notre père.

Mes rêveries pour Aristide et Prosper.

« Une monarchie tempérée est une sage Répu- « blique. Ils peuvent donc, en soumission des lois, « avoir l'âme Républicaine.

« Qu'ils soient sans hauteur s'ils arrivent à « l'opulence que je ne leur désire pas.

« Qu'ils soient sans bassesse si la pauvreté les « attend.

« Qu'ils aient le cœur sensible et bon, ils feront « le bien-être de leur intérieur.

« S'ils ont de l'esprit, ils se riront des travers de « leur temps, ils ne s'en irriteront jamais.

« Puissent-ils comprendre jeunes, que le senti- « ment qui traverse le plus notre bonheur et qui a « le plus d'action sur nos misères est la **vanité.** »

Le rang commercial qu'occupait alors *Andrieux* sur la place de Morlaix, lui était acquis par son principe de « *Labor improbus omnia vincit* » C'est qu'il se raidissait toujours contre les difficultés, c'est que, dans mon enfance, je le voyais fournir quinze heures de travail effectif chaque jour avant de prendre du repos ; le soir venu, il avait écrit 20 lettres, son copiste était sur les dents et n'avait de repos que les jours où *Andrieux* montait à cheval pour visiter les papeteries de la vallée.

En 1814, il fut nommé, par décret royal du 6 août, juge au tribunal de commerce en remplacement de M. Le Corre; le procureur général en la cour de Rennes lui écrivait le 27 même mois :

« Vous voudrez bien vous concerter avec « M. Barrère, président du même tribunal,

« pour le serment que vous devez prêter « comme juge. »

Le patron de 1804 et son employé d'alors siégeaient donc ensemble en 1814. *Labor improbus !!...*

En 1815, Prosper Riou, ayant terminé ses classes, entrait au comptoir de son beau-frère *Andrieux* dont il devait ensuite devenir l'associé ; il avait pour compagnons d'études commerciales Harry Dobrée, de Guernesey, et Frédéric Desjars, de Guingamp.

Ces jeunes gens étaient à bonne école.

Andrieux avait armé les navires *l'Aristide* et *le Prosper* qui naviguaient l'année précédente en parlementaires, pour l'échange des prisonniers français, puis ensuite à frêt entre Bordeaux et Morlaix ; Marseille et Rouen.

En 1816, naquit ma sœur Pauline, aujourd'hui Mme Loriot.

En cette même année, *Andrieux* fut nommé Vice-Consul d'Espagne, et il en exerça les fonctions jusqu'en 1830.

L'hiver de 1816 fut très-rigoureux, le pain rare et cher, la misère était profonde; le Conseil municipal de la ville, dont *F.-M. Andrieux* faisait partie, organisa un atelier de secours dont les résultats dateront dans l'histoire de Morlaix.

Il n'existait alors immédiatement sur la rive droite, entre la ville et la rade, aucune voie charretière au-delà de Kéranroux; de mauvais sentiers de hallage permettaient, en temps sec, aux piétons d'abréger en longeant la rive.

L'ouverture d'un chemin carrossable fut décidée et parachevée pendant l'hiver.

Les conseillers municipaux se partagèrent, par économie, la surveillance du chantier et je puis affirmer que le tour de corvée de MM. Dumarhallah et celui d'*Andrieux* arrivait plus souvent que celui de leurs honorables collègues dont l'hiver de 1816 avait dû paralyser l'énergie, si ce n'est le patriotisme et la bonne volonté.

Par les jours de belle froidure, j'acompagnais souvent mon père dans son inspection; j'ai donc vu ce que je dis;.. donc, honneur au conseil municipal, pour l'idée, mais gloire à ces deux vaillants champions, pour l'exécution.

Dès ce moment, la ville et la rade ont été en relation facile et précieuse.

Ce ne fut qu'en 1835 que les rochers de Toulmahot furent coupés et que la communication de la ville avec la mer devint possible par la rive gauche, grâce à l'intervention de la Chambre de commerce qui me délégua près de M. de Lannigou, lequel, sur ma demande, concéda gratuitement et de la meilleure grâce du monde, le droit d'ouvrir sur son terrain la jolie voie d'arrivée de Lannuguy au poste des douaniers sur la rade.

De 1817 à 1818, l'extension donnée à la fabrication du papier comportant de plus vastes locaux pour les produits et les approvisionnements de cette industrie, engagea *F.-M. Andrieux* à agrandir les espaces autour de lui, il transféra donc son établissement commercial sur le port, dans la propriété de MM. Diot, qu'il acheta en 1818. Là, il put disposer de vastes magasins; le personnel du bureau se composait :

De *F.-M. Andrieux,* dirigeant tout et se réservant la correspondance, le contentieux des affaires et le plus souvent les voyages;

De son beau-frère, P. Riou, qui avait acquis, jeune, l'expérience des choses de la maison par son esprit observateur, intelligent, par son travail méthodique et rationnel; il s'occupait plus spécialement de la papeterie et de la comptabilité des armements;

De M. Vallée qui tenait les livres, avait aussi dans ses attributions la rédaction des contrats d'assurances que la maison souscrivait pour la Compagnie *la Nationale;*

De M. Estellé, le placier par excellence, il montait les factures, était aux entrées et sorties de magasin, chargeait et déchargeait les navires, il faisait la douane et l'entrepôt;

Du vénérable M. Déjaher, caissier mathématiquement exact;

De Simon Guidon, bon à tout, il occupait les magasins, faisait des recouvrements à pied et à cheval, copiait les lettres au besoin;

De Le Lézec, l'échappé des pontons anglais, l'avisé, le fidèle serviteur, mort après trente-six ans de bons et loyaux services dans la maison d'*Andrieux* puis dans celle de ses fils; il était aux réceptions des produits des papeteries.

Puis venait le personnel des saleurs et saleuses, des papetières vérifiant les marchandises venues des ateliers de la vallée, et enfin les hommes de peine des magasins et chantiers de bois et fers.

Une grande activité régnait partout, chacun

était à sa place suivant ses aptitudes, chacun avait sa responsabilité propre vis-à-vis des chefs *Andrieux* et *Riou*. *Andrieux* avait le talent de la distribution parfaite du travail.

Le 12 juillet 1819, Prosper Riou fut associé en nom à la maison de son beau-frère.

C'est vers cette époque, que *MM. Andrieux et Riou* commencèrent à recevoir une série de consignations de tabacs importés directement d'Amérique; les cargaisons étaient parfois complétées par des farines étuvées qui se vendaient bien sur place et environs.

En 1820, le préfet du Finistère, baron de Chaulieu, donnait à *Andrieux* un témoignage flatteur de la considération dont il jouissait près de l'administration, en le nommant de la Commission des titres des électeurs, avec MM. Le Gac Lansalut, avoué. — Lannurien fils, avocat. — Le Grand, membre du Conseil général. — Le Moal, avocat. — Andrieux, négociant.

Arrive l'année néfaste de 1821 en laquelle mon père, *F.-M. Andrieux*, fut frappé d'une grande affliction; ma mère mourut le 5 janvier!!...... Dès l'année précédente, mon frère Prosper et moi ayant été consignés au Lycée de Rennes, nous ne fûmes pas témoins de la douleur de notre père, ma sœur Pauline n'avait que quatre ans et elle était entourée de l'affection de ses tantes Riou, qui adoucirent pour l'enfant l'amertume d'une séparation bien cruelle, car notre mère était douce, bonne, indulgente!!..... à Rennes, nous étions seuls à pleurer, mais je conserve un bon souvenir des sentiments affectueux qui nous furent témoignés par un camarade qui fut chargé de nous annoncer la mort de notre mère. Ce camarade était mon cousin-germain, Alexandre Dubraye, comme nous élève du Lycée de Rennes. Passons sur ces tristes souvenirs, lui aussi est mort, après une brillante carrière dans l'administration de la marine, des suites d'un mal contracté pendant son séjour dans l'Inde Française dont il a été gouverneur général pendant cinq ans.

Rentrant dans le sujet de cette notice, nous retrouvons toujours *Andrieux* se raidissant contre les évènements.

En 1821 les relations de la maison avec le Nord prenaient de l'importance, *M. P. Riou* fut nommé vice-consul de Suède et de Norwège, alors qu'*Andrieux* exerçait, depuis 1816, les fonctions de vice-consul d'Espagne.

L'armement des navires l'*Aristide* et le *Prosper* avait donné de bons résultats à la fin de la guerre; le grand cabotage depuis la paix étant d'ailleurs bien rétribué par le prix élevé des frêts, la construction et l'armement de plusieurs navires furent décidés par la maison *Andrieux et Riou*. C'est alors que j'ai vu, de 1820 à 1825, sortir des chantiers de Bayonne, Nantes et Redon, les navires suivants, tous ayant leur port d'attache à Morlaix :

Goëlette l'*Éliza*,	capitaine	Jaouen, de l'Ile de Batz.
— la *jeune Eliza*,	«	Floch, —
Brick les *Trois Sœurs*,	«	G. Morvan fils, de Morlaix.
— *Le Tage*,	«	Morvan père, —
— *Uranie*,	«	Salaün aîné, de Roscoff.
— *Mont-Blanc*,	«	Hervé, de Morlaix.
— *Duchesse-Anne*,	«	Lozach, de St-Pol-de-Léon.
— *La Naïade*,	«	Le Lez, de l'Ile-de-Batz.

Ces navires faisaient une navigation très-variée de grand et de petit cabotage, notamment de Marseille, Cette, des divers ports de la Sicile, Adra, Malaga, Cadix, Lisbonne, Bordeaux, Nantes, Le Havre, Rouen, Dunkerque, Saint-Pétersbourg et Londres.

Tous étaient commandés par l'élite des capitaines au long-cours du quartier de Morlaix.

A sa première sortie de chantier, le *Mont-Blanc,* de 209 tonneaux, faisait, en retour de Marseille au Havre, 90 francs et 10 0/0 de frêt par tonneau; c'était alors le bon temps, la navigation moins concurrencée et protégée par son pavillon, rendait à l'armement d'excellents résultats.

Depuis son voyage en Hollande, en 1807, *Andrieux* était intimement lié avec le chef d'une maison anglaise, fixée à Nantes, M. Th. Dobrée qui, en 1824 et 1825, avait pour associé un savant métallurgiste gallois, nommé Thomas, qui dirigeait les forges de la Basse-Indre.

Un haut fourneau dans la forêt de Coat-an-Noz (Côtes-du-Nord) était à vendre; la société Dobrée s'en rendit acquéreur vers 1827, en confia la direction à *Andrieux et Riou* qui exploitèrent cette fonderie et en expédièrent les produits à la Basse-Indre par les caboteurs du port.

Reconnaissons, en passant, combien les aptitudes d'*Andrieux* étaient variées ; nous le trouvons ici devenu maître de forges, après avoir épuisé toutes les branches de commerce et d'industries que pouvait produire le pays.

Bientôt la fonderie de Coat-an-Noz fut négligée, le minerai ayant été reconnu de mauvaise qualité ; il était très-phosphaté et ne produisait que de la fonte aigre, et d'ailleurs d'un faible rendement ; la mort de M. Thomas, comme tôt après celle de M. Dobrée, décida, d'ailleurs, la liquidation de cet établissement, qui devait être remplacé dans la Vendée, dans de meilleures conditions.

Le Gallois Thomas avait cru reconnaître contre Morlaix même, les signes d'un terrain houiller ; sur cette donnée, *Andrieux* s'enthousiasma à la pensée d'une découverte qui devait enrichir la contrée, il s'empressa de demander la concession d'une houillère dont les limites devaient être Roscoff, Plouénan, Guiclan, Guimilliau, Le Cloître, Guimaëc, pointe de Becanfry, la mer. Cette demande fut enregistrée le 6 novembre 1828, à la préfecture de Quimper ; mais elle n'a eu et ne pouvait avoir aucunes suites ; quelques fouilles secrètement pratiquées avaient eu lieu, mais il me fut donné, après des études sérieuses faites sur les terrains houillers du pays de Galles (Angleterre), de détruire bien des illusions. *F.-M. Andrieux* s'était laissé entraîner par le brillant des espérances que M. Thomas avait fait naître avant d'avoir suffisamment étudié les terrains autour de Morlaix.

A cette date de mon récit, je me rappelle un fait caractérisant *F.-M. Andrieux* : En revenant d'Angleterre à bord d'un cutter anglais lourdement chargé de charbon pour Granville, un violent orage éclata sur la Manche pendant la nuit ; la mer était démontée ; le capitaine, voulant se réfugier sous l'île Chaussey, ne put y tenir, il y perdit deux ancres, son canot fut balayé du pont, ses lisses défoncées ; j'étais à l'avant, aidant un matelot à parer l'ancre à jet pour tenter encore un mouillage, lorsque le petit navire plongea dans une lame de fond qui le couvrit en grand, m'enleva dans l'espace et m'envoya tomber à l'arrière sur la barre... — Au jour, le cutter put reconnaître la côte de Régueville et s'orienter pour tenir au plein sur sa grève, il faisait de l'eau par toutes les coutures. — Blessé au côté droit, j'arrivai quelques jours après à Morlaix, dans un piteux état :

« Ah ! te voilà sauf, me dit mon père..., « c'est bien..., je suis fort aise que toi aussi « tu aies goûté de l'eau salée. Boscher va te « radouber. »

Tel fut son souhait de bienvenue ; il était dur pour lui et dur aux autres, il me l'a souvent prouvé, le mal était passé, il n'y fallait plus penser et se rembarquer quelques semaines plus tard.

Par délibération du 9 décembre 1828 de la Chambre consultative de Morlaix, *Andrieux* et son collègue M. Tilly, furent délégués près de M. de Saint-Cric, ministre du commerce, pour traiter diverses questions d'intérêt général. Le mémoire qui fut remis au ministre est un excellent plaidoyer en faveur de l'amélioration du réseau des chemins vicinaux, en Bretagne, des primes à la grande pêche, de l'établissement des entrepôts intérieurs à Paris et sur la frontière de terre , dans l'intérêt de la marine marchande, et enfin du régime de la concurrence dans les marchés pour fournitures de toiles à la guerre ; M. de Saint-Cric écouta beaucoup ces messieurs, fit des objections pour provoquer des répliques.

MM. *Andrieux* et *Tilly* ont pu voir, avant la

fin de leur carrière, l'entrepôt de Paris créé ; la loi de 1836 sur les chemins vicinaux a donné raison aux délégués morlaisiens, et l'usage des marchés par adjudication publique est devenu la règle dans les ministères.

Par ordonnance du roi, du 20 mai 1829, *Andrieux* fut nommé président du Tribunal de Commerce, dont il faisait partie comme juge. Les fonctions de vice-consul d'Espagne, qu'il occupait depuis 1816, étant incompatibles avec celles de président du Tribunal, il obtint la faveur de m'en remettre la gérance, poste que j'ai occupé depuis le 6 septembre 1830.

La série des événements a dû maintenir mon récit dans un ordre de faits qui se rattachaient les uns aux autres ; je remonte donc, après coup, à l'année 1824.

Il n'y avait pas alors de collége à Morlaix, mon frère et moi étions, depuis 1820, éloignés de notre père, notre sœur Pauline, encore enfant, était élevé par sa tante, Melle Caroline Riou ; *Andrieux* vivait isolé, son intérieur était attristé ; dans ces circonstances il voulut donner une seconde mère à ses enfants et refaire pour lui-même une existence qui avait été brisée ; il eut le bonheur d'être agréé par Mlle Marine Le Bras, fille de son premier guide dans les affaires commerciales. Jamais belle-mère n'a été pour les enfants de son mari plus affectueuse et plus bienveillante, et lorsque naquit, en 1825, notre sœur Marine (aujourd'hui Mme Dahirel), sa mère n'eut d'autre souci que d'établir une parfaite égalité dans les témoignages d'affection qu'elle prodiguait aux deux sœurs. — Mon père, heureux dans son intérieur, put dès lors donner un libre cours à ses obligations sociales et industrielles.

C'est à l'époque de cette heureuse transition que nous retrouvons encore un signe du caractère d'*Andrieux* qui, volontiers, descendait vers les récréations de l'esprit et devenait même poëte à son heure. — La goëlette l'*Éliza*, commandée par le vieux Jaouen, s'était usée à la mer ; elle fut entièrement refondue et la *Jeune Éliza*, commandée par le capitaine Floch, apparut un jour dans le port, pimpante et pavoisée, sous les fenêtres de son armateur, auquel elle inspira les vers suivants :

A L'ÉLIZA

Compagne fidèle et chérie
Des succès de mes jeunes ans,
Qui, luttant contre la furie
Et la rage des éléments,
Sus braver les fureurs d'Éole,
Narguer les caprices des vents,
Voguer vingt ans sur le Pactole,
Et m'en rapporter les présents,
Éliza, goëlette jolie,
Déjà ta carrière est finie :
Paisiblement tu regagnes le port ;
Et par tes grâces rajeunie
Dans la *Jeune Éliza*, tu te survis encore.

Puissé-je, désarmant l'envie,
Bravant l'orgueil et ses dédains,
Fuir les orages de la vie
Loin des soucis et des chagrins ;
Et vers la fin de ma carrière,
Content du bien que j'ai pu faire,
A des enfants chéris léguant mon heureux sort
Jouir ainsi que toi des délices du port ! !
Et toi, ma première espérance
Qui secondas tous mes désirs,
Reçois de ma reconnaissance
Le tribut de mes souvenirs.

A mes vœux toujours consacrée,
Protége la fille adorée
Qui de tes destins suit le cours;
Et quand la Parque surannée
Tranchera le fil de mes jours,
Apparais moi dans l'Élysée.....
Puissent mes yeux revoir encor
Notre brave Jaouen commander à ton bord;
Et sur la rive redoutée,
Dictant des lois au vieux Caron
Qu'il fende avec moi l'Achéron
Vers la demeure fortunée !

De 1821 à 1825, *Andrieux* voulant développer et surtout perfectionner sérieusement, dans le pays, l'industrie papetière qu'il avait retirée de son état primitif, en agrandit les bâtiments, les appropria mieux aux diverses opérations qu'elle comporte, fit venir d'habiles contre-maîtres anglais et des ouvriers des vallées de Vire et de Sourdeval, où le progrès avait devancé d'un demi-siècle celui qui se préparait dans la vallée du Queffleuh.

Andrieux étant activement secondé par son beau-frère, *P. Riou*, les produits de la papeterie s'améliorèrent au point d'être admis dans les fournitures à l'imprimerie Royale pour les services de l'Etat.

Cependant, vers 1825, l'ouvrier Robert, d'Essones, venait d'inventer la machine à papier continu produisant à moindres frais une beaucoup plus grande quantité à l'heure, et remplaçant par la vapeur et l'instantanéité, dans la création d'un produit complet, la lenteur des multiples opérations des anciens procédés.

Cette machine commençait à se répandre en Angleterre et il en existait déjà 8 en France ; elle allait faire révolution dans l'industrie, papetière ; *Andrieux* aperçut facilement qu'elle s'imposait à tout industriel voulant marcher avec le progrès, aussi, il n'hésita pas à en commander une à d'habiles constructeurs de Londres et je fus envoyé, en septembre 1830, en prendre livraison.

Dans les premiers mois de 1831 fut mise en marche, à Glaslan, la 9e machine à papier qui existait en France. — *Andrieux et Riou* marchaient avec les hardis pionniers qui fondèrent, à grands frais, un sérieux progrès dans l'industrie de leur pays; peu d'années ensuite, il existait en France 200 machines à papier, on en compte aujourd'hui environ 500. — La population ouvrière de la vallée a décuplé et la quantité de travail produite est vingt fois plus considérable qu'en 1825.

Tout cela était prévu d'avance par les importateurs de 1830.

Vers la fin de cette année de 1830, au milieu de ses travaux industriels et de la multiplication des affaires de sa maison, *F.-M. Andrieux* fut encore frappé dans ses affections les plus chères ; nous eûmes la douleur de perdre notre belle-mère qui nous aimait comme ses enfants, comme elle aimait sa propre fille ; notre sœur Marine, enfant âgée de 5 ans seulement lorsqu'elle perdit sa mère, n'a pu connaître ses belles qualités du cœur et de l'esprit.

La notice que j'écris varie bien souvent ses sujets ; elle n'a pas la prétention de présenter les évènements avec l'exacte chronologie de l'histoire. Aussi, je ne puis m'empêcher de raconter en passant un épisode assez curieux qui se rapporte à l'envoi à Londres de la goëlette la *Jeune Eliza,* pour y charger les 45,000 kilos de fer, fonte et cuivre composant les organes de la machine à importer ; son capitaine Yves Floch , de l'Ile-de-Batz , pria son armateur de le remplacer pour ce voyage, « qu'il ne voulait, ni pour or ni pour « argent, mettre de nouveau les pieds sur le

« sol anglais » (Yves Floch avait les Anglais en haine depuis les années de son incarcération à bord des pontons de Portsmouth) ; *Andrieux* ne put vaincre la résistance de son vieux loup de mer, qu'en lui affirmant qu'il ne quitterait pas les planches françaises du pont français de son navire breton, à la condition de me subir à bord, à titre de subrecargue, et que seul j'aurais à traiter avec les chargeurs, la Douane, les courtiers, etc., et qu'il pourrait envoyer à terre son maître d'équipage faire des vivres. En murmurant, Floch se décida, à cette condition qu'il ne s'embarquerait que pour la conduite du navire.

En mer, à la hauteur de Cherbourg, un fort grain du N. O. tombait sur la goëlette : « C'est « une chienne de bourrasque anglaise, observa « le capitaine. »

A l'entrée de la Tamise, un pilote se présente ; on prit les ordres du capitaine:

«Faut bien laisser monter cet animal, » grogna Floch.

D'après les instructions des chargeurs, je fis mouiller l'*Éliza* le plus près possible du pont de Londres, devant des quais très-étroits à cette époque, et sans avoir fait amener notre pavillon tricolore, bien que le pilote avait quitté le navire (mesure réglementaire dans la

Tamise) ; lorsque je remarquai, débouchant, à flots, de tous les quartiers voisins, une foule circulant d'abord avec peine, mais bientôt grossissant et obligeant l'intervention des nombreux agents de police, pour rendre la circulation possible. J'ignorais la cause d'un tel embarras, lorsqu'une embarcation accosta la goëlette et qu'un agent, s'adressant à moi, avec la plus grande politesse, me pria de faire amener le pavillon, pour conjurer un grand malheur.

« Vos couleurs nationales, me dit-il, n'ont « pas encore paru dans la partie de la Tamise où « votre navire est à l'ancre, les hurrahs que « vous entendez sont à l'honneur de votre glo- « rieuse Révolution, » et je traduisis au capitaine Floch, la demande faite en bons termes par l'officier anglais. « Non, et non, je n'amè- « nerai pas..., qu'ils se noient tous l'un par « l'autre, je m'en f... » et il descendit dans sa cabine.

Le maître d'équipage, Lamer, connaissant mon pouvoir, fit amener à l'instant, ne nous souciant ni l'un ni l'autre, de provoquer des noyades, mêmes anglaises.

A mon retour à Morlaix, je racontai à mon père cette aventure qui ne l'étonna pas , attendu que le vieux loup, quand il revint en

France, après 5 ans d'exil et de misère sur les pontons, lui avait déclaré, « qu'il ne regrettait « qu'une chose, c'est de n'avoir pu manger « dix anglais avant de partir. » Je demande à mon lecteur pardon de ma digression, en lui observant que tout se lie dans mes souvenirs, le capitaine qui voguait sur le Pactole et en rapportait les présents, et l'armateur qui avait sa flotille commandée par les plus vaillants marins du quartier de Morlaix, malgré l'anglophobie de l'un deux, défectuosité morale, qui ne le privait d'ailleurs d'aucune des qualités essentielles à sa profession, voyez Garneray, Cousinerie, et tant d'autres.

Et puisque je n'ai pas respecté, par mon silence, un épisode de la vie d'un capitaine défunt, pourquoi, et, puisque je suis en train de trahison, ne dirai-je pas aussi quelque chose à l'honneur d'un capitaine vivant, de mon brave ami, Guillaume Morvan.

C'était avant la prise d'Alger, l'entrée de la Méditerrannée était infestée de pirates algériens, la terreur des navires marchands, qui se réunissaient sur la rade de Cadix, d'où un convoyeur de l'État les escortait, jusque dans le golfe de Lyon. — Le convoyeur ne partait qu'alors qu'il avait réuni 50 navires au moins. — Guillaume Morvan, affrêté pour Marseille, en arrivant sur la rade de Cadix, avec son brick les *3 Sœurs*, n'y rencontrant que peu de navires, devait être exposé à un grand retard, s'il attendait la protection du convoyeur. — Que fit-il ? — Il déguise son brick, peint à ses préceintes des sabords, figure des caronades sur le pont, se donne la crânerie d'un corsaire ; il affuble ses 10 matelots d'uniformes d'une friperie bien voyante, les arme de fusils de pacotille brillants au soleil; le mousse devient tambour ; c'est ainsi qu'il part seul, sans escorte, passe le détroit, range à vue les côtes de l'Algérie, supposant, avec raison, que les éperviers d'Alger guettaient les trainards du convoi à la côte d'Espagne. — Deux felouques suspectes se montrent, mais rentrent, trompées par l'apparence des *Trois Sœurs*. — A la hauteur de la Régence de Tunis, Guillaume Morvan change sa route et laisse arriver sur Marseille, où il trouve le port vide, et s'affrête à grand prix pour son retour dans la Manche.

Le tour était bien joué. Son armateur, *Andrieux*, pardonna l'imprudence en faveur du succès ; Guillaume Morvan était avisé et brave, il l'a bien prouvé pendant la dernière navigation de sa carrière maritime, dans l'Océan pacifique.

Au moment de la Révolution de 1830, il y eut, pendant quelques semaines, des inquiétudes sur un prochain retour au calme nécessaire au monde des affaires, sur l'acceptation définitive, par l'opinion publique, du gouvernement de la branche cadette ; les d'Orléans étaient populaires en France, ils furent donc bientôt reconnus et acceptés. *Andrieux*, dès lors, n'hésita pas à introduire ses machines en France. J'ai dit qu'en septembre, je fus expédié pour en prendre livraison à Londres ; mon frère Prosper venait d'entrer au bureau, après s'être brillamment muni de tous les baccalauréats, sciences et lettres. Notre père, en lui désignant sa place au comptoir, lui avait dit :

« Copie mes lettres, celles de ton oncle,
« c'est le lot du plus jeune, c'est la continua-
« tion de tes études, tu entres à l'école d'ap-
« plication ; ton frère va rapporter de Londres
« de nouveaux engins de travail, il y en aura
« pour tout le monde, alors tu te délasseras
« les doigts en exerçant tes jambes ; l'air de la

« vallée réveillera le poëte (1), s'il s'est trop
« affadi dans la prose du bureau... Travaillez
« tous, messieurs, je vous en fournirai les élé-
« ments quelque temps encore, et avec votre
« oncle, vous continuerez mon œuvre... »

Ainsi, l'entrain au travail nous était prêché d'exemple, la Révolution de 1830 n'avait rien enrayé, nous nous lançions dans l'avenir avec confiance.

Hélas !... J'étais à Rouen, voyageant pour les affaires de la maison... ; un cachet noir m'y parvint. Mon oncle Riou était mort... des suites d'une chute de cheval qu'il n'avait pas avouée à son médecin pour ne pas inquiéter sa famille, le vieux serviteur Le Lézec, seul, avait reçu ses confidences, sans prévoir les conséquences possibles de son silence ! ! Prosper Riou avait de nombreux amis ; la ville entière le regretta, je le pleurai à chaudes larmes, car il fut mon meilleur ami.

---

(1) Mon cher et bon frère, mort en 1842, était, comme son père, mythologique à ses heures, avant de devenir l'homme le plus sérieux, le plus humanitaire que j'ai connu. Avec ses amis, MM. Cazin et Ph. Kervern, il a développé, à Morlaix, les institutions de bienfaisance qui y existent aujourd'hui.

La mort de son beau-frère atterra mon père, dont la force de résistance contre les événements contraires fut encore mise à de rudes épreuves par un incident qui se produisit à l'occasion de la perte de son associé.

Un indigne calomniateur écrivit à une maison de Brest :

« Nous nous faisons un devoir de vous prévenir, « *sous le sceau du secret*, des bruits défavorables qui « circulent sur la maison *Andrieux et Riou*, par « suite de la mort d'un de ses chefs ; nous pensons « qu'il serait prudent de ne pas être à découvert « avec cette maison ; nous désirons sincèrement « que leurs affaires ne soient pas aussi malheu- « reuses qu'on le dit, car notre place a été bien « maltraitée sous ce rapport, depuis quelques « années. »

F.-M. Andrieux reçut immédiatement copie de ce bulletin par le négociant lui-même, auquel il avait été adressé, et de son côté, il s'empressa de le porter à la connaissance des principaux négociants, ses amis de Morlaix, en l'accompagnant de la lettre-circulaire que voici :

« Je crois devoir porter à votre connaissance une « lettre que je reçus hier soir de MM. Chevillotte et « fils, frères, de Brest, et la copie d'un bulletin qui « leur a été adressé par une maison de Morlaix.

« Je dois beaucoup à l'amitié et à l'estime de

« MM. Chevillotte, de m'avoir procuré le moyen « de détruire les insinuations aussi perfides qu'hy- « pocrites de ce bulletin qui, s'il tend à porter, « aujourd'hui, atteinte au crédit de ma maison, peut, « demain, être dirigé contre chacun de vous d'une « manière aussi imméritée.

« Toutes nos affaires sont traitées au comptant. « Je travaille avec mes propres fonds, on ne peut « me connaître aucun engagement par emprunts, « par entreprise à crédit ; j'ai déplacé sans nulle « gêne, ni sans nuls secours extérieurs, une forte « somme de nos affaires sans en gêner aucunement « l'action (1) ; on connaît ma fortune immobilière : « je fais des escomptes sur la place, qui n'aper- « çoit pas de ma part d'émission de papier parce « que je n'en fais pas.

« La seule malveillance a donc pu produire le « bulletin que je vous communique.

« MM. Chevillotte me l'adressent par amitié et par estime, le même motif me fait vous l'envoyer.

Votre obéissant serviteur,

ANDRIEUX.

Au verso de cette lettre, je lis :

« Les négociants soussignés éprouvent le besoin « d'exprimer ici toute l'indignation que leur cause « la calomnie dont *M. Andrieux* se trouve l'objet ; « elle est à son égard d'autant plus infâme que « l'auteur de la note, s'il est en effet de Morlaix,

---

(1) Mes machines à papier.

« savait fort bien que ce qu'il écrivait était faux, « puisque, bien loin qu'il ait existé dans notre ville « aucun bruit de la nature de ceux qu'il signale, « il est, au contraire, notoire et bien avéré sur « cette place, que la maison *Andrieux* occupe l'un « des premiers rangs parmi les négociants de « Morlaix, tant par la sagesse de ses opérations, « que par le crédit dont elle jouit et la fortune « qu'elle possède.

« Veuve Homon aîné et fils; — « Gabriel-Henri Alexandre; — « Alexandre fils aîné; — J.-R. « Pelle Desforges jeune; — Le « Coc Saint-Maur; — A. Mahé; « — B. Frébourg; — Duhamel « et Guillou; — P. Vacher et « Tilly; — François Kergos; — « Daniellou; — Beau jeune; — « Veuve Barbanson et fils aîné; « — Peschard; — G.-T. Le Coc « Saint-Maur.

Au document qui précède sont jointes des lettres d'adhésion signées : Floch, banquier, de Brest; — Desjars, de Guingamp; — Chalot, de Nantes; — Adolphe Desbordes, et d'autres encore.

Mon père, à la lecture du reconfortant témoignage que lui donnaient ses concitoyens et ses amis du dehors, éprouva un profond bien-être et à l'accablement des évènements qui le frappaient succéda un moment encore un éclair d'énergie et de foi dans l'avenir....... Mais hélas ! fatigué par les luttes de toute sa vie, inquiet pour les siens lorsque l'épidémie de choléra fit sa cruelle invasion à Morlaix en 1832, il se sentit menacé, écrivit, en août, ses dernières dispositions testamentaires avec la triste et calme conviction qu'il n'échapperait pas au fléau qui, en effet, le foudroya en septembre 1832, à l'âge de 55 ans !

M. B. septembre 1879.

A[de] ANDRIEUX.

Je trouve dans les papiers de mon père, après avoir rédigé cette notice biographique, un document historique très-intéressant, une lettre datée de Cherbourg le 17 août 1830, que lui adressait son ami, M. Obet, de Morlaix, qui était chirurgien de marine, attaché au service du port militaire, lorsque le Roi Charles X vint s'y embarquer.

Je copie textuellement :

Cherbourg, 17 août 1830.

« Mon cher et bon camarade,

« Je vais essayer de satisfaire ta curiosité en « t'adressant quelques détails sur les adieux et le « départ de nos illustres exilés. Je te prie d'avoir « la complaisance d'en donner communication à « mes frères.

« Je ne te dirai que peu de choses sur les évène- « ments qui se sont passés dans notre ville depuis « le moment où parurent les fameuses ordon- « nances. Chacun sembla frappé de stupeur et tel « était l'état des esprits lorsqu'arriva le numéro du « *Messager* qui rendait compte de l'insurrection « parisienne; dès lors toute la population fut en « émoi et une fermentation sourde se manifesta; « bientôt les opinions prirent un caractère plus

« décidé, mais on ne songea cependant à arborer
« le *vieux Drapeau* que lorsqu'on fut informé par
« quelques voyageurs échappés de Paris qu'il
« flottait sur les édifices de la capitale. Une esta-
« fette envoyée par le Commissaire provisoire de
« la Marine au Préfet maritime, portant ordre de
« déployer les couleurs nationales , augmenta
« l'effervescence générale. On se concerta avec la
« Guerre qui n'avait point encore reçu d'ordre, on
« désirait que les deux corps de la Marine et de la
« Guerre arborassent en même temps la cocarde
« tricolore, mais d'un autre côté il fallait se rendre
« à l'impatience du public qui devenait menaçant ;
« on décida donc que la Marine prendrait immé-
« diatement les couleurs et qu'elles seraient res-
« pectées par la Guerre qui attendait des ordres.

« Nous avons donc eu pendant deux jours en
« présence, mais vivant en bonne intelligence, la
« cocarde blanche et la cocarde tricolore, la mairie
« était dans le même cas que la Guerre, aucun
« ordre ne lui avait été adressé, mais plusieurs
« habitants se portèrent à'la mairie et y arborèrent
« le pavillon, qui fut conservé. Bientôt une garde
« nationale fut improvisée et sur le champ elle
« entra en fonctions, partageant avec la garnison
« le service de la place.

« Tel était l'état des choses lorsque nous fûmes
« informés du choix qu'avait fait Charles X du port
« de Cherbourg pour venir s'embarquer. Notre
« préfet maritime, qui était en tournée, arriva sur
« ces entrefaites.

« Nous vîmes arriver quelques bâtiments de « guerre français qui nous furent envoyés de Brest, « puis deux paquebots américains : le *Great Britain*, « et le *Charles Carrol* venant du Havre ; ces deux « paquebots, distribués dans l'intérieur avec beau- « coup d'élégance et même de luxe, furent destinés, « moyennant quelques changements auxquels on « travailla sur le champ, à recevoir les grandeurs « déchues et leur suite. Des approvisionnements « considérables furent faits et Cherbourg offrant « peu de ressources, on expédia un petit bâtiment « pour le Havre, qui en revint avec beaucoup de « provisions de table, des porcelaines, des cris- « taux, etc.

« Le 15 août on expédia de Cherbourg trois « bataillons d'infanterie, deux pièces de canon, « environ 400 hommes de garde nationale et 30 « chevaux aussi de la garde nationale ; ce corps, « commandé par le général Hulot, poussa jusqu'à « Carantan ; on prétend qu'il fut envoyé pour s'op- « poser à ce que le Roi vint à Cherbourg avec un « corps de troupes trop nombreux ; d'autres, au « contraire, prétendent que des rassemblements « très-nombreux de paysans se montrèrent au-delà « de Valognes et que l'on craignait que le Roi fut « insulté par une population qui attribuait à son « ministère les incendies de la Normandie ; mais « tout fut trouvé calme sur la route et les troupes « rentrèrent le 13 à Cherbourg, à l'instant où « Charles X arrivait lui-même à Valognes.

« Cependant le Roi, effrayé de cette levée de

« boucliers, manifesta de l'éloignement pour Cher-
« bourg dont la population lui fut signalée comme
« excessivement libérale et il se décida à séjourner
« à Valognes jusqu'à ce que les dispositions pour
« son embarquement fussent entièrement termi-
« nées; il fut logé dans cette ville chez M. de
« Ménidot, riche propriétaire, et y resta le 14 et le
« 15. Le 15 il reçut les adieux des gardes du corps
« qui cependant devaient ne le quitter qu'à Cher-
« bourg. Ce même jour parut un ordre du jour du
« duc de Raguse qui, en adressant de la part du
« Roi des témoignages de satisfaction et d'intérêt
« aux gardes du corps, leur annonçait que les con-
« trôles portant tous leurs noms seraient conservés
« dans les archives du duc de Bordeaux.

« Le 16, à six heures du matin, arrivèrent à
« Cherbourg une vingtaine de voitures et fourgons
« avec une escorte et plusieurs personnes de la
« suite du Roi; tout ce convoi fut dirigé vers le
« port militaire et l'on s'occupa sur le champ
« d'embarquer sur les paquebots voitures, effets et
« individus. Le Roi arriva vers une heure à Cher-
« bourg, son escorte était composée d'environ
« 1000 cavaliers; il n'y avait que 3 voitures et l'une
« d'elles renfermait toute la famille. Le tout était
« superbe et toutes les glaces de la voiture royale
« restèrent ouvertes; le Roi, en simple frac bleu,
« occupait le derrière avec Madame la Dauphine
« et Mademoiselle: sur le devant était le Dauphin,
« en frac bleu et en chapeau gris, le petit duc de
« Bordeaux et la duchesse de Berri; cette dernière

« était assez bizarrement vêtue en amazone. La « voiture était précédée par le duc de Raguse. Le « cortége s'avança au pas, silencieusement, au « milieu d'une foule de curieux qui gardait aussi « le plus grand silence. On traversa ainsi toute la « ville et l'on se dirigea, sans s'arrêter, vers le « port militaire dont les ponts furent levés dès que « tout le cortége eut défilé.

« Cependant, dès le matin, beaucoup de curieux « avaient trouvé le moyen de s'introduire dans le « grand port où devait se faire l'embarquement; « les deux paquebots étaient placés le long des « quais; des ponts volants étaient disposés. Toute « l'escorte se rangea en bataille le long des quais, « on descendit de voiture; le Roi adressa des « remerciements à plusieurs officiers des Gardes; « plusieurs de ces derniers lui baisèrent les mains; « le Dauphin, de son côté, embrassa plusieurs « officiers; le Roi et le Dauphin étaient assez « calmes, mais les deux princesses paraissaient « très-affectées et versaient des larmes; on en vit « aussi couler des yeux de plusieurs officiers. Ce « moment fort touchant ne fut que d'une courte « durée; l'embarquement eut lieu, et les ponts « furent enlevés dès que tout le monde fut à bord. « Le Roi descendit d'abord dans la chambre, mais « il ne tarda pas à reparaître sur le pont ainsi que « presque toute la famille; l'appareillage fut bientôt fait et les deux bâtiments sortirent du port, à « la voile, vers deux heures et demie; en quelques « minutes ils furent en rade.

« Au lieu de prendre immédiatement la mer, « les deux bâtiments, à la grande surprise des « spectateurs, coururent un bord dans la rade ; le « motif ne tarda pas à en être connu ; les choses les « plus simples et les plus ordinaires sont souvent « celles qu'on oublie le plus facilement ; on avait « pourvu avec recherche et abondance à tous les « besoins, mais le pain seul avait été oublié ; il « fallut donc, en toute hâte, envoyer chez les bou- « langers. Vers 3 heures 1/2, les bâtiments firent « route, à 4 heures ils étaient hors des passes et « vers le soir on les perdit totalement de vue. Un « bâtiment de guerre et la patache des douanes les « suivirent à quelque distance pour observer leur « route ; la patache des douanes, revenue aujour- « d'hui, les a quittés à peu de distance des côtes « d'Angleterre, sur laquelle ils se dirigeaient.

« Dès que les paquebots furent appareillés, toute « l'escorte des gardes du corps se remit en route « pour Valognes, sans s'arrêter à Cherbourg. Leur « licenciement doit avoir lieu aujourd'hui à Saint- « Lô, où s'est rendu le maréchal Maison, chargé « de cette opération.

« Le soir, tout est redevenu tranquille dans « notre ville, chacun a repris ses occupations « habituelles et rien ne laissait apercevoir que « Cherbourg vient d'être témoin d'un évènement « aussi remarquable.

« Pendant la marche du cortége et au moment « où il arrivait au grand port, quelques cris : *à bas* « *la cocarde* se sont fait entendre ; ces cris, qui

« n'ont pas eu de suites, partaient d'un groupe de « curieux et s'adressaient à quelques officiers des « gardes qui portaient la cocarde blanche. Le « silence n'a pas tardé à se rétablir. On peut dire, « à la louange de la population de Cherbourg, « qu'elle a montré dans cette circonstance toute la « décence possible et qu'elle ne s'est point écartée « des égards et du respect qu'on doit à de grandes « infortunes.

« On n'est d'accord ni sur le nombre ni sur les « noms des personnes qui ont suivi le Roi ; d'après « les divers rapports, je crois qu'on se rapproche « de la vérité en portant le nombre à 60, tous les « gens de service compris. Messieurs de Raguse, duc « de Polignac, frère du président du conseil de mi- « nistre, de Damas, de Monpas se sont embarqués « ainsi que Mesdames de Bouillé, de Sainte Marie, « de Gontaut. Le duc de Guiche a précédé les prin- « ces à Cherbourg, mais il paraît qu'il ne les a pas » suivis. »

« La scène violente dont les journaux ont rendu « compte et qui s'est passée entre le Dauphin et le « duc de Raguse est très-exacte. »

« On dit que madame la duchesse de Berri, en « recevant les adieux des gardes du corps, leur a « dit : « *Messieurs, j'espère que nous nous reverrons* », « que le Roi, en recevant le drapeau des gardes du « corps, a dit : « Messieurs, mon âge ne me permet « pas d'espérer de vous le rapporter, mais j'espère « que ce sera mon petit-fils le duc de Bor- « deaux ». — On dit aussi que plusieurs officiers des

« gardes ont demandé et obtenu des cheveux du « duc de Bordeaux. Je ne garantis pas l'authenti- « cité de ces derniers rapports. »

« Mais un fait réel, c'est que notre Préfet mari- « time, M. Pouyer, qui a disposé les préparatifs « de départ de Charles X, avait aussi disposé à Ro- « chefort les préparatifs du départ de Napoléon. « Un fait encore assez remarquable, c'est que M. « Pouyer s'étant rendu, il y a précisément un an, à « Paris, pour s'entendre avec le ministre de la ma- « rine sur les dispositions à prendre pour la récep- « tion du Dauphin, qui venait assister à l'ouverture « du bassin, fut reçu à Saint-Cloud, en audience « particulière, par le Roi auquel il exprima le re- « gret de ne pas le voir présider lui-même à l'inau- « guration du bassin et que le Roi lui répondit : « Je ne puis cette année me rendre à Cherbourg, « mais je vous promets d'y aller à la même épo- « que de l'année prochaine.

« J'apprends à l'instant et *de bonne source* que M. « de Polignac a été arrêté à Granville, au moment « ou il s'embarquait pour Jersey sous le nom du « domestique de madame de Saint-Fargeau ; ses « manières ayant paru suspectes, lui et madame de « Saint-Fargeau ont été questionnés séparément et « il n'y a point eu d'accord dans leurs réponses ; « il a fini par convenir qu'il était M. de Polignac. « On l'a sur le champ transféré à Saint-Lô où on « a eu beaucoup de peine à le soustraire à la fu- « reur de la populace. Au reste, il n'y a qu'un cri « sur M. de Polignac ; les personnes mêmes les

« plus dévouées au Roi maudissent ce ministre « comme la cause de tous les malheurs de la fa- « mille des Bourbons.

« Mon cher Andrieux, je t'adresse tous ces dé- « tails un peu à la hâte, mais je sens que ces cho- « ses perdent de leur prix si elles arrivent trop « tardivement. Présente mon respectueux hom- « mage à Madame Andrieux et compte sur le sin- « cère attachement de ton ancien camarade.

OBET.

P.-S. — Mille amitiés à Kervern et à Maisonneuve.

ERRATA

		AU LIEU DE :	LIRE :
Page 9, ligne	1.	il avisa	il existait
— 9 —	23.	le défraya de ses frais de route	le défraya de sa route
36 —	1.	Lars Ardfrison	Lars Arfridson
42 —	9.	fit accuser	avait fait accuser
63	22.	tenir au plein	venir au plein

5

www.ingramcontent.com/pod-product-compliance
Ingram Content Group UK Ltd.
Pitfield, Milton Keynes, MK11 3LW, UK
UKHW021821190726
13853UKWH00003B/1114